DELIUS KLASING

Rolf Urbansky

Strandsegeln

Segeltechnik · Klassen · Reviere

Delius Klasing Verlag

Die Deutsche Bibliothek – CIP-Einheitsaufnahme

Urbansky, Rolf:
Strandsegeln: Segeltechnik – Klassen – Reviere /
Rolf Urbansky. – 1. Aufl. – Bielefeld: Delius Klasing, 1998
(Yacht-Bücherei; Bd. 125)
ISBN 3-87412-165-8

1. Auflage
ISBN 3-87412-165-8

© Copyright by Delius Klasing Verlag GmbH,
Siekerwall 21, 33602 Bielefeld
Fotos und Zeichnungen: Rolf Urbansky
Umschlaggestaltung: Ekkehard Schonart
Gesamtherstellung: Ludwig Auer GmbH, Donauwörth
Printed in Germany 1998

Inhaltsverzeichnis

Vorwort

Früh erkannte man, dass mit Hilfe des Windes auch auf dem Land Lasten befördert werden können. Nicht nur auf dem Wasser mit Segelschiffen oder auf dem Eis mit Eisseglern oder wie in den Niederlanden, wo Kufen unter die Plattbodenschiffe montiert wurden, um auch im Winter die Versorgung sicherzustellen.

Die Erkenntnis, den Wind für Transporte auf dem Land zu nutzen, wurde schon von den alten Ägyptern um 2000 v. Chr. zum Befördern der Steine für die Pyramiden genutzt.

Aber nicht nur zum Transport von Lasten, sondern auch als Sport wurde das Landsegeln betrieben, wie Funde in Pharaonengräbern beweisen.

In der neueren Zeit segelten zuerst die Belgier seit 1900 mit selbstgebauten Strandseglern an ihrer Küste.

In Deutschland begann man Ende der 50er Jahre mit dem Strandsegeln und schon 1963 wurde in St. Peter-Ording, organisiert vom Yachtclub St. Peter-Ording, die erste Strandsegel-Europameisterschaft ausgetragen. Die Teilnehmer dieser Meisterschaft kamen aus Belgien, England, Frankreich und Deutschland.

Diese Sportart wurde immer nur von einer Minderheit betrieben, weiter gefördert und entwickelt. Das ist bis heute so geblieben, was sicherlich daran liegt, dass sie nur wenigen bekannt ist und auch in den Medien kaum Beachtung findet. Die Strandsegelszene bestand bis Mitte der 70er Jahre im wesentlichen aus Wagen der Klassen 2 und 3 oder Umbauten vom DN Eissegler. Diese Geräte haben aufgrund ihrer Größe und ihres Gewichts den Nachteil, dass sie schwer zu transportieren sind und der Aufbau recht lange dauert.

So war die Forderung nach handlicheren Landseglern verständlich, die man ohne Probleme auf dem Autodach transportieren kann. Aus den USA wurde in den 70er Jahren der Manta importiert und kurz danach entstand auch die Klasse 5. Seit das Windsurfen aufkam, ließ auch ein vierrädriges Gefährt für das Surfrigg nicht lange auf sich warten.

Diese neuen Klassen haben zur Belebung der Strandsegelszene beigetragen. Die Klasse 5 wurde auch von den Damen in einem solchen Umfang angenommen, dass sie in dieser Klasse sowohl eine eigene Deutsche Meisterschaft als auch eine Europameisterschaft austragen.

In Deutschland kann man diesen Sport das ganze Jahr in St. Peter-Ording betreiben und über das Winterhalbjahr auf den Inseln Borkum, Juist und Norderney.

Beim Strandsegeln musste ich, während ich mein Gerät auf- oder abbaute, immer wieder viele Fragen beantworten. Dies veranlasste mich, alles was ich über diese Sportart erfahren konnte, zusammenzutragen.

Es waren nicht nur Personen, die sich allgemein darüber informieren wollten, sondern auch wirklich Interessierte, die Spaß daran hatten oder sogar schon einen Segelwagen besaßen, jedoch bisher keine Informationen oder Schulungsunterlagen finden konnten.

Ich weiß aus eigener Erfahrung wie schwer dies ist. Erst durch die Mitgliedschaft in einem Verein war es möglich, das erforderliche Insiderwissen zu erlangen, welches benötigt wird, um diesen Sport ausüben zu können.

Die Landsegelei ist eine Sportart, die vieles miteinander verbindet. So kommt zu dem gewohnten Umgang mit dem Wind bei geringen Geschwindigkeiten, vergleichbar dem normalen Wassersegeln, der ungewohnte Hochgeschwindigkeitsanteil hinzu, bei dem man schneller als der Wind segelt, was wohl auch die Faszination ausmacht, da dies nicht der üblichen Vorstellung entspricht.

Auf dem Kurs vor dem Wind, wo eigentlich der Wind von hinten spürbar sein sollte, kommt der Wind von vorne und wo man üblicherweise eine Halse fährt, ist dies eine Wende. Diese Phänomene, die auch für einen erfahrenen Wassersegler neu sind, will ich auf leichtverständliche Art zu erklären versuchen.

Ohne jegliche Kenntnisse und Einweisung mit einen Strandsegler segeln zu wollen, ist mehr als leichtsinnig und kann zu schweren Unfällen führen.

Die Strandsegelwagenklassen

Die Wünsche und Anforderungen der Menschen sind wie überall sehr unterschiedlich. Es ist daher nicht verwunderlich, dass es auch bei den Landseglern verschiedene Typen von Segelwagen gibt. Hier werden die Segelwagenklassen beschrieben, die zur Zeit aktiv an Ausscheidungsregatten oder Meisterschaften teilnehmen. Neben den hier aufgeführten Segelwagen gibt es noch eine Vielzahl von Sonderkonstruktionen für verschiedene Aufgaben, zum Beispiel für Schulungszwecke oder um Geschwindigkeitsrekorde zu fahren.
Es ist für jede Gewichtsklasse, für jeden Zweck und für fast jeden Geldbeutel etwas dabei.
Die früheren Segelwagen waren häufig mit vier Rädern ausgerüstet. Gelenkt wurde mit den Vorderrädern oder mit den Hinterrädern. Heute hat sich durchgängig in allen Klassen der Wagen mit drei Rädern durchgesetzt, und mit dem vorderen Rad wird gelenkt. Dies ist bei allen Typen, die hier beschrieben werden, der Fall. Die Kosten steigen mit der Größe des Segelwagens und der Segelfläche.

Die Manta-Klasse (Einheitsklasse)

Der Manta ist einer der kleinsten Segelwagen. Er kommt aus den USA und ist seit den 60er Jahren auch in Deutschland sehr verbreitet.
Die Achsbreite beträgt 1,63 m, die Länge 1,83 m, die Segelfläche 4,18 m^2. Die Konstruktion besteht aus Metallrohren in Dreiecksanordnung mit einem darauf befindlichen Sitz. Der Masten wird durch seitliche Streben zu den Rädern hin abgestützt. Die Räder haben die Größe von Schubkarrenrädern. Das Vorderrad wird über eine Koppelstange mit einer Fußpedalerie gesteuert. Der Wagen

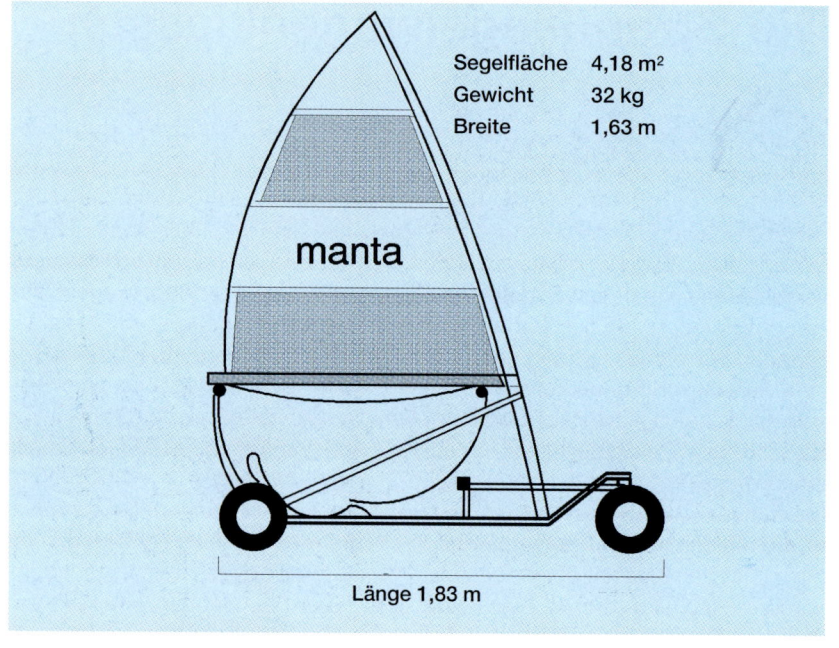

Segelfläche 4,18 m²
Gewicht   32 kg
Breite   1,63 m

manta

Länge 1,83 m

wiegt 32 kg und kann ohne Mastverstrebung auf einem Dachgepäckträger transportiert werden.

Der Aufbau vor Ort beansprucht etwa 20 Minuten. Der Manta ist geeignet für ein Körpergewicht bis 75 kg. Darüber hinaus ist reichlicher Wind erforderlich, verbunden mit erheblichem Materialverschleiß (Mast und Segel).

In dieser Klasse wurden auch Deutsche Meisterschaften ausgetragen. Wegen sinkender Teilnehmerzahlen konnten sie jedoch nicht mehr durchgeführt werden.

Die Segeleigenschaften dieses Wagentyps sind nicht unproblematisch, da der Gewichtsschwerpunkt einen sehr geringen Abstand zur Kipplinie hat. Dies macht sich bei weichem Untergrund bemerkbar, wenn die Räder im Sand einsacken. Die Folge ist eine starke Verzögerung, die sehr häufig ein Umkippen fast aus dem Stand heraus bewirkt.

Ein Manta, die kleinste Klasse, auf Halbwindkurs auf der dänischen Insel Rømø.

Die Geschwindigkeiten die mit einem Manta erreichbar sind, liegen bei etwa 60 km in der Stunde. Es ist daher auch bei einem Manta angeraten, immer einen Sturzhelm zu tragen. Die Verletzungsgefahr sollte auf keinen Fall unterschätzt werden.

Der Manta benötigt allerdings für solche Geschwindigkeiten ordentlich Wind. Der Spaß mit einem Manta beginnt erst bei ungefähr 3–4 Bft, da er sich vorher, durch die geringe Radgröße und dem damit verbundenen hohen Rollwiderstand und dem nicht optimalen Segel, kaum fortbewegt.

Die Aktivitäten in der Manta-Klasse sind jedoch sehr weit zurückgegangen, so dass dieser Segelwagen fast nur noch als Hobbygerät und zum Erlernen des Strandsegelns benutzt wird.

Er wird aber noch sehr häufig nachgebaut, da die Konstruktion einfach ist. Modifikationen bezüglich der Segelfläche und des Rahmens sind dabei üblich. Am häufigsten sieht man eine Verlängerung vor dem Masten. Diese Veränderung wurde auch bei einem Zweisitzer dieses Typs vorgenommen, um die Kippstabilität zu erhöhen. In Frankreich gibt es einen sehr ähnlichen Wagentyp, den Junior oder Mini 4.

Der Preis eines solchen Wagens liegt bei etwa 5000 DM.

Die Klasse 5 (Konstruktionsklasse)

Das Ursprungsland dieser Klasse ist Frankreich. Dieser Wagentyp ist am meisten verbreitet. Er ist geeignet für ein Körpergewicht von 60 bis 95 kg. Man kann ihn in Frankreich und England von einigen Herstellern kaufen. Es gibt in Deutschland auch einige Importeure. Hier hat sich jedoch, wie bei keiner anderen Klasse, der Selbstbau durchgesetzt. Dies geschieht nicht nur, um die Kosten niedrig zu halten, sondern im Wesentlichen, um die Leistung dieses Segelwagentyps zu steigern.

Die Vermessungsvorschriften lassen für die Ausführung der Konstruktion einen großen Spielraum.

So ist bei einer Breite von 2 m ein Radstand von 2,50 m für das Chassis, eine Masthöhe von 5,50 m über Grund bei einer Segelfläche von maximal 5,50 m^2 vorgegeben. Die Radgröße ist frei.

Die tragende Konstruktion soll aus zylindrischen Metallrohren bestehen, ebenso der Mast. Er darf maximal aus vier verschiedenen Durchmessern bestehen. Der Sitz muss eine Ablage für die Füße haben, woraus üblicherweise dann eine strömungsgünstig geformte Schale wird.

Das Gewicht des kompletten Segelwagens darf 50 kg nicht unterschreiten. Gesteuert wird auch bei diesem Wagentyp mit den Füßen über ein Fußhebelwerk mit Koppelstange hin zum Vorderrad. Ergänzend zur Fußsteuerung ist auch während des Anschiebens der Gebrauch einer Handsteuerung üblich.

Die Klasse 5 beim Start eines Rennens auf Norderney. Die stilisierte Möwe im Segel ist das Firmenlogo des Wagenherstellers Seagull.

Diese Maße und das Gewicht des Segelwagens ermöglichen einen optimalen Transport auf dem Dachgepäckträger. Erforderlich für den Transport ist das Abschrauben der Achsen inklusive der Hinterräder. Zwei Segelwagen der Klasse 5 lassen sich dann problemlos nebeneinander auf dem Autodach transportieren. Der Auf- und Abbau ist in 20 Minuten bequem zu schaffen. Es ist daher verständlich, dass in dieser Klasse die Auscheidungsrennen verteilt auf den Nordsee-Inseln Juist, Norderney, Borkum und St. Peter-Ording stattfinden können. In dieser Klasse nehmen auch Damen an den Ausscheidungsrennen teil, die Wertungen erfolgen getrennt als eigene Meisterschaften.

Die Freiheiten, die eine Konstruktionsklasse lässt, führen, wenn einfallsreiche Konstrukteure an der Optimierung arbeiten, zu immer besseren Segeleigen-

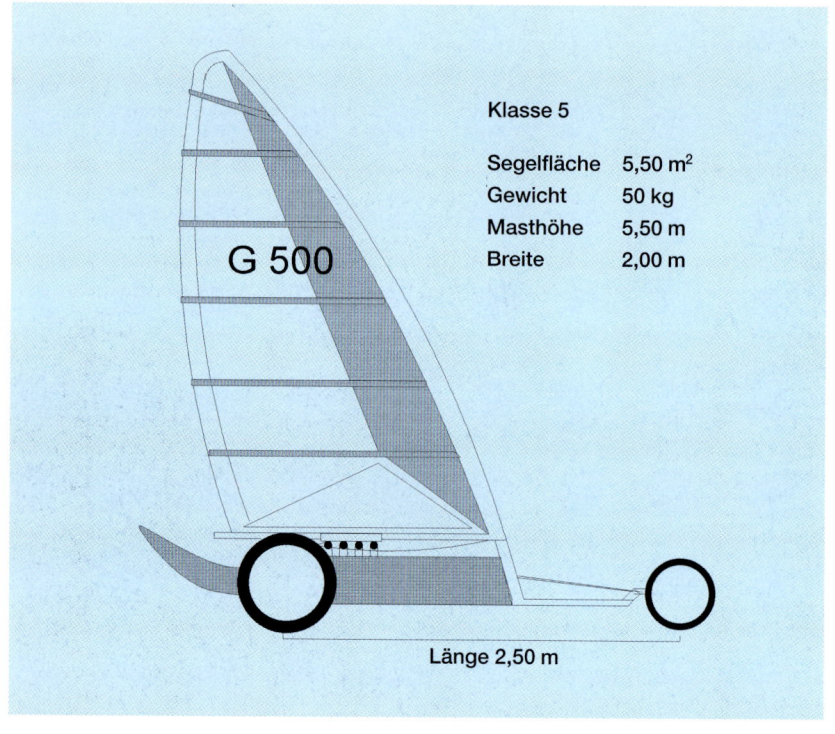

G 500

Klasse 5

Segelfläche	5,50 m²
Gewicht	50 kg
Masthöhe	5,50 m
Breite	2,00 m

Länge 2,50 m

schaften. Es ist daher nicht verwunderlich, dass in dieser Klasse Geschwindigkeiten von 100 km/h erreicht werden.

Bei diesen Geschwindigkeiten wäre der Luftwiderstand bei einer aufrechten Sitzposition zu hoch. So ist aus dem Sitz eine Schale geworden, in der man liegt. Da der Pilot von oben voll sichtbar sein muss, ist die Schale nach oben offen.

Das Segel- beziehungsweise Fahrverhalten dieses Segelwagentyps ist bei Windstärken von 2–4 Bft als gutmütig zu bezeichnen. Nimmt der Wind zu, ab 5 Bft, dann gehört schon einige Erfahrung dazu, die Kontrolle über den Segelwagen zu behalten. Es ist daher angeraten, die ersten Übungen nur bei Wind-

*Blick ins Cockpit –
die offene Liegeschale –
eines Klasse-5-Segelwa-
gens: Dreifach gescho-
rene Schot mit Knarr-
block, Fußsteuerung
kombiniert mit einer
Pinne für die Lenkung
beim Anschieben des
Wagens. Rechts außen
an der Schale der Hebel
für die Kratzbremse.*

*Klasse-5-Yacht beim Durchqueren eines Priels.
Nass kann's auch beim Landsegeln mal werden.*

stärken unter 4 Bft zu beginnen. Dies ist allerdings kein Problem, da dieser Wagentyp ein ausgesprochener Leichtwindläufer ist. Bei solchen Windverhältnissen sollte man allerdings gut zu Fuß sein, da Anschieben zur Pflicht wird. Man wird für die Mühe jedoch damit belohnt, dass man bei wenig Wind flott durch die Gegend flitzen kann und das Kipprisiko fast null ist.

Einen Segelwagen der Klasse 5 kann man für etwa 6500 DM erwerben. Baut man ihn sich selbst, reichen etwa 3000 DM an Materialkosten für einen segelfertigen Wagen. Für die Regattaausführung werden noch einmal etwa 1500 DM benötigt. Das ist der Mehrpreis für ein Topsegel und die Kosten für die 26-Zoll-Leichtbauräder.

Die Klasse 4 (Standartklasse)

Der Segelwagen der Standartklasse ist ein Einheitsgefährt für jemanden, der sich keine Gedanken darüber machen will, ob sein Gegner im Wettkampf einen besseren Wagen fährt. Die Segelwagen sind einheitlich und werden nur von einem Hersteller gefertigt. Auch die Ersatzteile müssen als Originalersatzteile vom Hersteller bezogen werden.

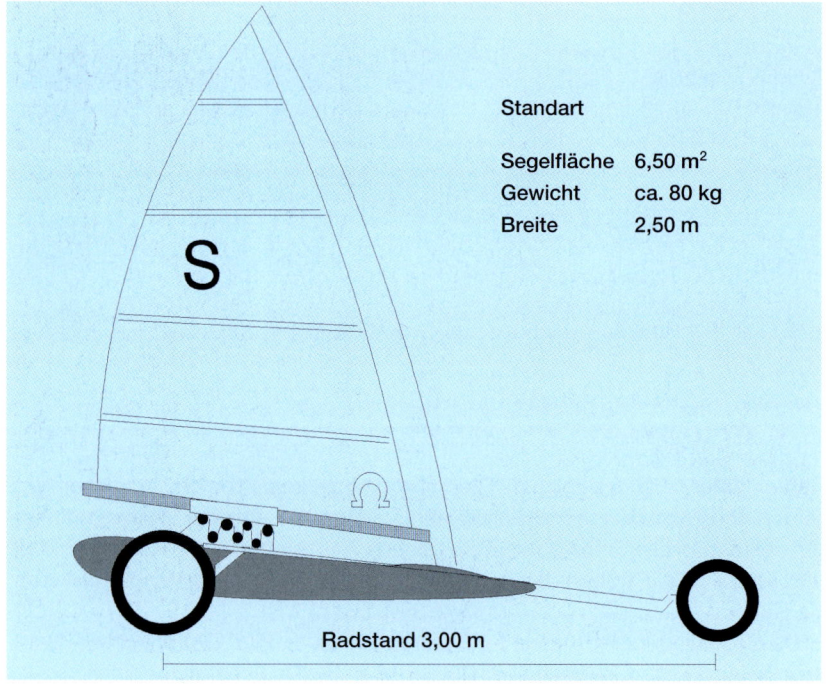

Standart

Segelfläche	6,50 m^2
Gewicht	ca. 80 kg
Breite	2,50 m

Radstand 3,00 m

Eine Weiterentwicklung ist in dieser Klasse, wenn überhaupt, nur in Absprache und Abstimmung möglich. Man kann daher sicher sein, über lange Zeit ein wettbewerbsfähiges Gerät zu besitzen.

Die tragende Konstruktion dieses Segelwagens besteht aus zylindrischem Metallrohr, Stahl der Basisrahmen, Aluminium die Achsen. Die Räder sind 17-Zoll-Mopedräder, das Vorderrad ist ein 20-Zoll-BMX-Rad mit Kunststoff-Radverkleidungen. Die Pilotenschale ist geschlossen, vergleichbar mit dem Rumpf der Klasse 3. Der Masten ist aus zylindrischem Aluminiumrohr, das Segel durchgelattet und im vorderen Bereich mit Kunststoffeinsätzen innerhalb der Masttasche profiliert.

Ein Klasse-4-Segelwagen (Standart) mit der eingedeckten Pilotenschale.

Standart: Die drei unteren Blöcke der Schotführung und das Halblenkrad, eine technisch elegante Lösung für das Steuern beim Anschieben. Es wandelt die Schubbewegung der Koppelstange in eine Drehbewegung um.

Der Segelwagen ist 2,50 m breit, 2,75 m lang, hat eine Segelfläche von etwa 6,5 m^2 und ein Gewicht von etwa 80 kg. Gesteuert wird auch dieser Wagen mit den Füßen, beziehungsweise von Hand beim Anschieben.

Mit abgenommenen Achsen lässt er sich auf dem Dachgepäckträger eines Autos transportieren. Leider nur ein Wagen, da sonst die zulässige Dachlast überschritten wird.

Die Geschwindigkeiten, die mit einem solchen Segelwagen gefahren werden können, liegen bei etwa 90 km in der Stunde, also in der Größenordnung der Klasse 5. Das Fahrverhalten ist aufgrund der größeren Länge und Breite ruhiger als das des Segelwagens der Klasse 5. Einige Spitzengeräte der Klasse 5 sind jedoch schneller.

Der Segelwagen läuft auch bei leichtem Wind, wobei schnelles Anschieben erforderlich ist. Die Standartklasse ist ein guter Kompromiss zwischen der Klasse 5 und der Klasse 3 für den Bastelunwilligen, der sich auf das Auf- und

Abbauen beschränken will, und kann zudem vom Design her als gelungen bezeichnet werden. Der Pilot sitzt oder besser liegt geschützt in der geschlossenen Schale.

Der Preis für einen solchen Wagen liegt bei etwa 8000 DM.

Die Klasse 3 (»Formel 1«)

Die Klasse-3-Yacht ist wohl die Segelyacht, die am bekanntesten ist. Wenn schon einmal etwas vom Strandsegeln in den Medien gezeigt wird, sind es die Segelwagen der Klasse 3. Es ist die »Königsklasse« der Strandsegler.

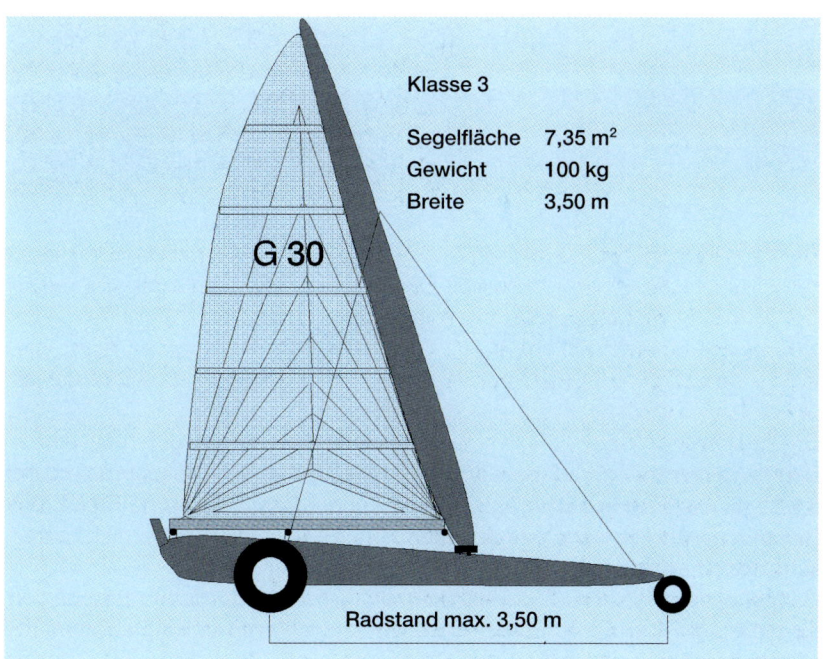

Klasse 3

Segelfläche   7,35 m²
Gewicht   100 kg
Breite   3,50 m

G 30

Radstand max. 3,50 m

*Ein Klasse-3-
Segelwagen
der neuen
Bauart
am Strand
von Rømø.*

Die Breite beträgt 3,50 m, der Radstand darf 3,50 m nicht überschreiten und die Segelfläche darf maximal 7,35 m², Mast und Baum inklusive, betragen. Das Gesamtgewicht der segelfertigen Yacht, ohne Pilot, darf 100 kg nicht unterschreiten.

Gegenüber den bisherigen Konstruktionen Manta, Klasse 5 und Standart ist für die Klasse 3 ein völlig anderes Konstruktionsprinzip üblich, jedoch nicht zwingend vorgeschrieben.

Das Cockpit einer Klasse-3-Yacht: In der Mitte die Schotwinsch mit Kurbel, daneben Curry-Klemmen für die Trimmleinen. Unterhalb der Winsch der Knauf der Pinnensteuerung, die beim Anschieben des Wagens benutzt wird.

Tragendes Element ist ein aerodynamisch geformter Rumpf mit Cockpit für den Piloten, der bis auf den Kopf, in diesem Rumpf verschwindet. Für den Rumpf werden heute modernste Fasern wie Kohle und Kevlar verwendet. Dies nicht nur, um möglichst nahe an das zulässige Mindestgewicht heranzukommen, sondern auch um die Sicherheit zu erhöhen. So bietet Kevlar eine hohe Schlagfestigkeit bei einem möglichen Crash.

Dieser Rumpf ist mit einer ebenfalls strömungsgünstig geformten Holzplanke verschraubt, an der die hinteren Räder befestigt sind. Der Profilmast ist auf einer Kugel drehbar, auf dem Rumpf gelagert und mit Drahtseilen seitlich und nach vorn abgefangen. Die Lenkung erfolgt auch in dieser Klasse mit den Füßen oder beim Anschieben von Hand, allerdings ist als Koppelelement zum Vorderrad Metalldraht vorgeschrieben.

In letzter Zeit ist in die Entwicklung der Klasse 3 Bewegung gekommen. Lange Zeit verlief sie nur in kleinen Schritten, und die Strandsegler sahen bis auf die Farbe fast gleich aus. Man hat den Mast, im Rahmen der Bauvorschriften, verlängert. Dies hat zu einer nicht unerheblichen Verbesserung der Segeleigenschaften geführt, Geschwindigkeiten von 125 km/h werden nun erreicht. Eine weitere Folge dieser Veränderung war die Zweiteilung der Klasse. So gab es bei den Europameisterschaften 1994 und 1995 eine Klasse mit dem bisher üblichen kurzen Mast und die neueren Yachten mit dem längeren Mast. Man war jedoch bestrebt, die Klasse nach einer Übergangszeit wieder zu vereinheitlichen. 1997 wurde die Mastlänge auf 6,10 m begrenzt. Eigenbauten sind in dieser Klasse selten. Das mag daran liegen, dass ein erheblicher Aufwand an Formen für das Herstellen des Rumpfes und des Profilmastes erforderlich ist. Selbst wenn man sich dieser Mühe, dem Erstellen von Formen, unterzieht, ist der Erfolg nicht garantiert, und die Kosten überschreiten den normalen Kaufpreis. Hersteller dieses Segelwagentyps findet man in Belgien, Frankreich und England.

Der Preis einer solchen Yacht liegt bei ungefähr 13 500 DM.

Die Klasse 2

Die Segelwagen der Klasse 2 sind von ihren Abmessungen her die größten, von der Teilnehmeranzahl bei Wettfahrten die kleinsten. Dies ist verständlich, da der Aufwand für Auf- und Abbau und die Kosten sehr hoch sind.

Man muss schon ein echter Fan sein, um den Segelsport mit solch einem imposanten Ungetüm zu betreiben.

So gibt es für diese Klasse auch nur zwei wesentliche Auflagen: die maximale Breite von 3,60 m und eine Segelfläche von nicht mehr als 11,30 m². Alles andere ist freigestellt.

Die Bauweise, die man üblicherweise antrifft, ist identisch mit der Klasse 3 und besteht aus einem tragenden Rumpf mit Cockpit für den Piloten, ruhend auf einer Planke. Der Profilmast ist mit Wanten und dem Vorstag abgespannt. Abweichend zu der sonst üblichen Fußsteuerung findet man bei Yachten älteren

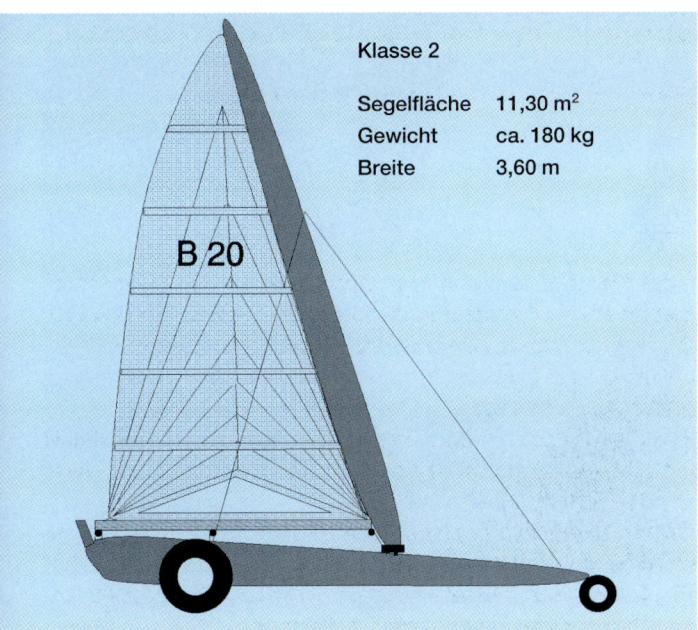

Klasse 2

Segelfläche	11,30 m²
Gewicht	ca. 180 kg
Breite	3,60 m

B 20

Klasse-2-Yachten kurz nach dem Start bei einer Europa-meisterschaft.

Eine Klasse-2-Yacht beim Durchqueren eines Priels. Solche Priele sind nicht nur lästige Störungen des »Rollfeldes«, sie erfordern auch erhöhte Aufmerksamkeit vom Piloten.

Baudatums noch die Steuerung mit einem Lenkrad. Gebräuchlich ist auch die Schotführung über ein zweites darunterliegendes Rad.

In dieser Klasse findet man auch heute noch Zweisitzer, die in den kleineren Klassen nur als Schulungssegler anzutreffen sind.

Die größte Anzahl der Klasse-2-Segelwagen findet man in Belgien. Hier kann man auch am Strand bei Ebbe von de Panne (Belgien) nach Dunkerque (Frankreich) segeln, was natürlich in so einem großen Segelwagen komfortabler ist.

Der Preis für eine solche Yacht ist nicht so genau anzugeben, da die Bauweise sehr unterschiedlich ist, wird aber in der Größenordnung von 20 000 DM liegen.

In der Klasse 2 findet man auch Umbauten der Klasse 3. Dies stellt dann eine kostengünstige Alternative dar.

Die Klasse 7

Die Klasse 7 ist vom Surfen abgeleitet und stellt für einen Surfer die einfache Lösung des Landsegelns dar. Sie wird bewusst am Ende dieser Auflistung erwähnt, da man im Stehen segelt und hier auch erhebliche Kenntnisse vom Surfen erforderlich sind.

In dieser Klasse mit dem Landsegeln zu beginnen ist für Surfer eine kostengünstige Alternative, da das Rigg schon vorhanden ist. Es wird nur noch ein Brett mit vier lenkbaren Rädern benötigt. Die Klassenspezifikationen der Klasse 7 lesen sich sehr einfach.

FISLY Anhang 02 D: *Als Landyacht der Klasse 7 gilt jede Landyacht, die im Stehen gesegelt wird, wobei das Rigg nur durch den Piloten senkrecht gehalten wird.*

Diese einfache Vorschrift wird sicherlich bald weiter ergänzt werden müssen, da sonst bei den verschiedenen Regatten die Chancengleichheit nicht mehr gewährleistet ist.

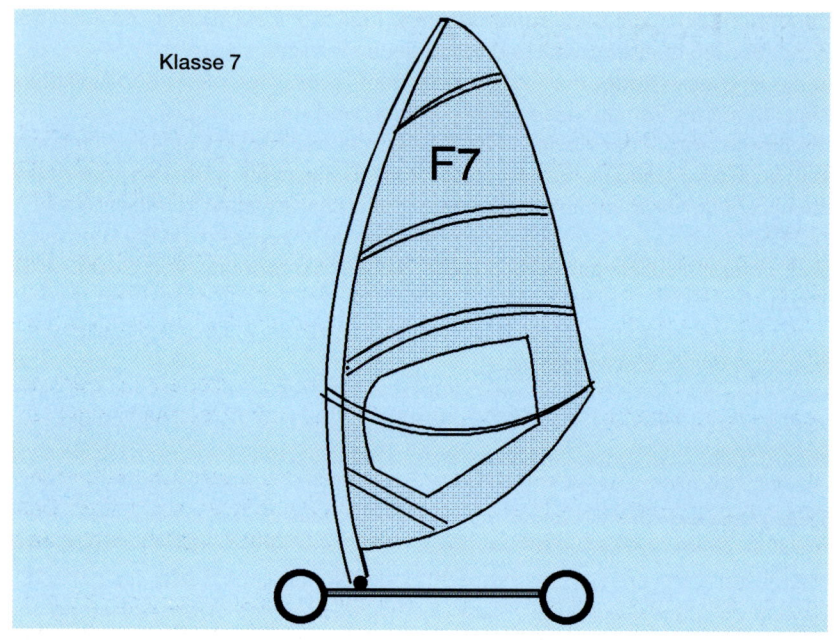

Das Sportgerät besteht aus einem etwa 30 cm breiten und ungefähr 1,50 m langen Brett, an dem auf der Unterseite in Gummiblöcken, ähnlich wie bei einem Skatboard, Achsen für etwa 30 cm große Räder gelagert sind. Das Gefährt ist vierrädrig. Das Lenken erfolgt durch Gewichtsverlagerung. Sowohl die Vorderachse als auch die Hinterachse ist lenkbar in Gummi gelagert.

Das Surfrigg ist mit einem Gummigelenk, wie auf dem Surfboard, auf dem Brett in allen Richtungen beweglich gelagert. Sehr wichtig ist es, sich vor Verletzungen bei Stürzen zu schützen, da es fast unvermeidlich ist, ab und zu vom Brett zu fallen. Man sollte diesen Sport immer mit Helm, Handschuhen, Knie- und Ellbogenschützern und einem Overall betreiben.

Macht man dies nicht, ist der Spaß sicherlich bald vorbei.

Wie beginne ich?

Die ersten Übungen mit dem Segelwagen sollte man auf einem möglichst großen freien Platz bei nicht zu starkem Wind beginnen. Dies sollte natürlich mit Sturzhelm, Schutzbrille, Handschuhen und in solider Kleidung (Overall) geschehen.

Es ist auch anzuraten, dass sich ein Beobachter in Sichtweite aufhält, um Hilfe leisten zu können. Das hört sich alles sehr gefährlich an, es sind aber nur Vorsichtsmaßnahmen für den Anfang, obwohl man auch später an leeren Stränden nicht alleine segeln sollte.

Das Gebiet auf dem man beabsichtigt zu üben, sollte vorher auf Löcher und Gegenstände kontrolliert werden, um nicht unliebsame Überraschungen zu erleben.

Es ist empfehlenswert, senkrecht zum Wind einen Kurs von etwa 500 m mit zwei Fahnen abzustecken. Dies erleichtert, einen Halbwindkurs zu fahren. Das ist der Kurs, bei dem der Wind genau von der Seite kommt, egal ob von rechts oder links.

Am Anfang ist es sehr schwer mit der ungewohnten Fußsteuerung den Kurs zu halten, da sich durch die Fahrgeschwindigkeit die Windrichtung scheinbar ändert. Der Wind kommt scheinbar mehr von vorn.

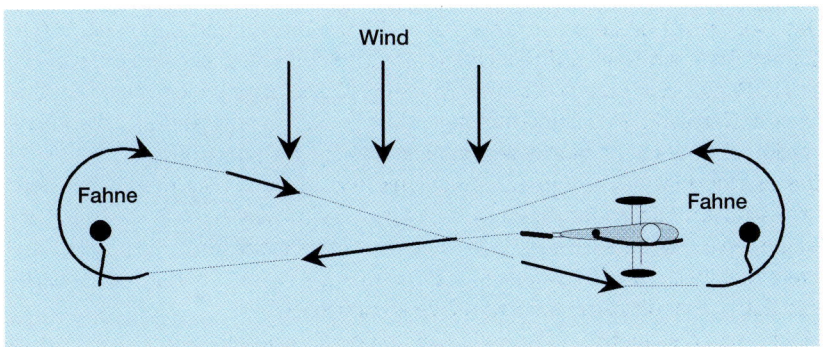

Man stellt den Segelwagen so auf, dass das Bugrad in die Richtung der entfernt liegenden Fahne zeigt.

Sitzt man im Strandsegler, wird das Segel langsam dichtgeholt, der Segelwagen nimmt Fahrt auf.

Reicht der Wind nicht aus, ohne fremde Hilfe anzufahren, muss der Strandsegler angeschoben werden. Zu Beginn sollte dies von der Begleitperson geschehen.

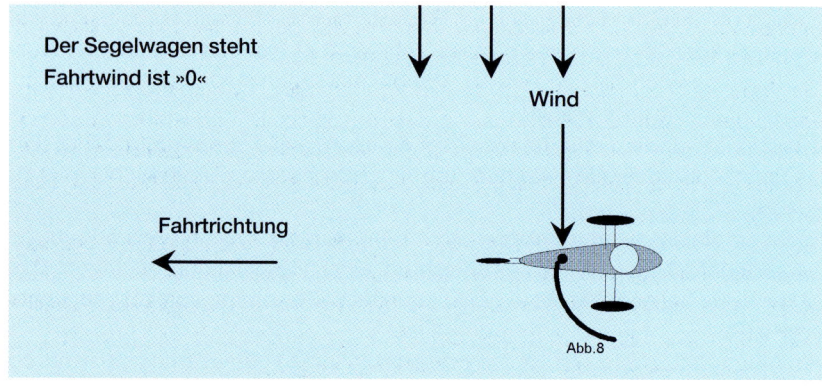

Der Segelwagen steht
Fahrtwind ist »0«

Wind

Fahrtrichtung

Abb.8

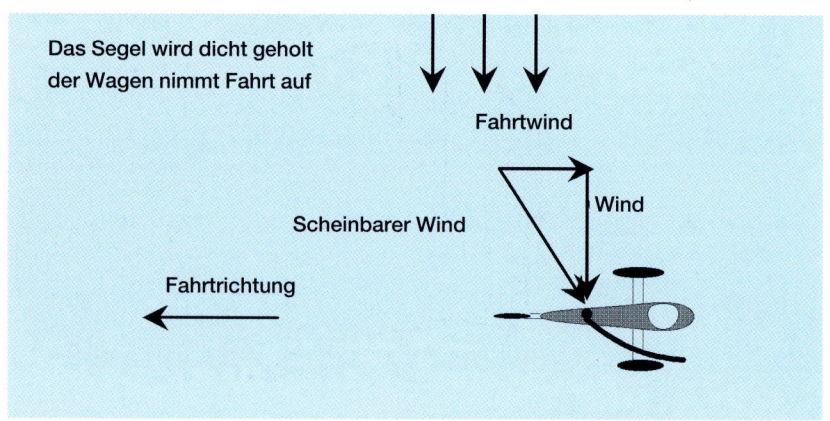

Das Segel wird dicht geholt
der Wagen nimmt Fahrt auf

Fahrtwind

Scheinbarer Wind

Wind

Fahrtrichtung

Das Dichtholen des Segels sollte immer mit viel Gefühl erfolgen, denn die hohe Geschwindigkeitszunahme wird einen Anfänger verunsichern und möglicherweise Fehlreaktionen auslösen.

In den Abbildungen sind Pfeile eingezeichnet. Diese Pfeile geben entweder die Fahrtrichtung an oder stellen die Geschwindigkeitsvektoren dar.

Sie bezeichnen jeweils die Windrichtung der verschiedenen Komponenten beziehungsweise ihre Göße.

Wir haben es, wenn der Segelwagen steht, nur mit einer Komponente, dem wahren Wind, zu tun. Bewegt sich der Segelwagen, kommt der Fahrtwind dazu. Der Fahrtwind wirkt immer direkt von vorn.

Der Wind, den der Pilot im Stand spürt, ist der wahre Wind. Bewegt sich der Segelwagen, spürt der Pilot den scheinbaren Wind. Der scheinbare Wind ist das Ergebnis aus dem wahren Wind und dem Fahrtwind. Darstellen und ermitteln kann man die Richtung und die Größe des scheinbaren Windes mit Hilfe des Vektorendiagramms.

Die ersten Runden sollten immer mit leicht geöffnetem Segel gefahren werden. Wird das Segel dichter genommen, wird man schneller.

Lässt man das Segel wieder los bis es flattert, wird man langsamer. Erreicht man die Fahne, lässt man das Segel etwas locker und lenkt nach rechts, im Uhrzeigersinn, gegen den Wind um die Fahne herum.

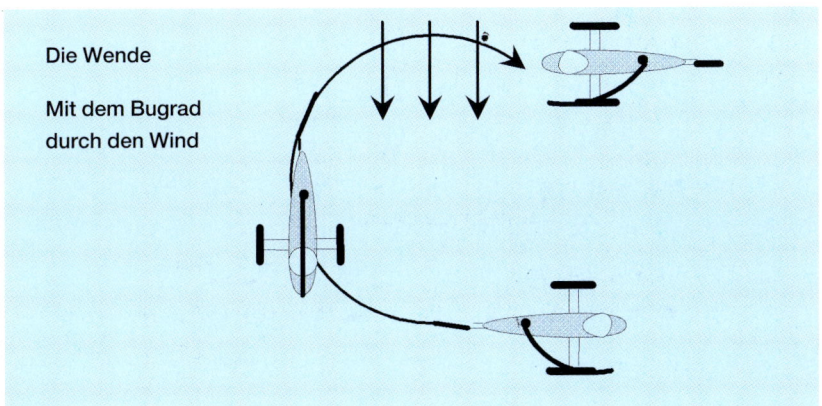

Die Wende

Mit dem Bugrad durch den Wind

Dabei sollte man das Segel immer so dicht halten, dass man einen Widerstand spürt. Nach dem Umrunden steuert man die andere Fahne an. Rundet sie auf gleiche Weise seitenverkehrt, also entgegen dem Uhrzeigersinn, wobei man die Fahne von unten, also gegen den Wind, rundet.

Es sei dringend davon abgeraten, ohne Übung auf den sogenannten Vormwindkurs zu gehen.

Diesen Achtenkurs sollte man nun so lange fahren bis man sich sicher fühlt. Zwischendurch sollte man anhalten. Dieses Manöver wird wie folgt ausgeführt: Der Strandsegler wird in die Richtung gesteuert, aus der der Wind kommt. Das Segel wird, nachdem man die Schot losgelassen hat, am Baum gefasst und gegen den Fahrtwind gedrückt.

Falls das Segel nicht weit genug aufgeht, muss der Wagen genau gegen den Wind gelenkt werden.

Dieses Manöver ist vom Wassersegeln als Aufschießer bekannt. Kurz vor dem Stand kann man auch die Kratzbremse benutzen, um den ausrollenden Wagen zu stoppen.

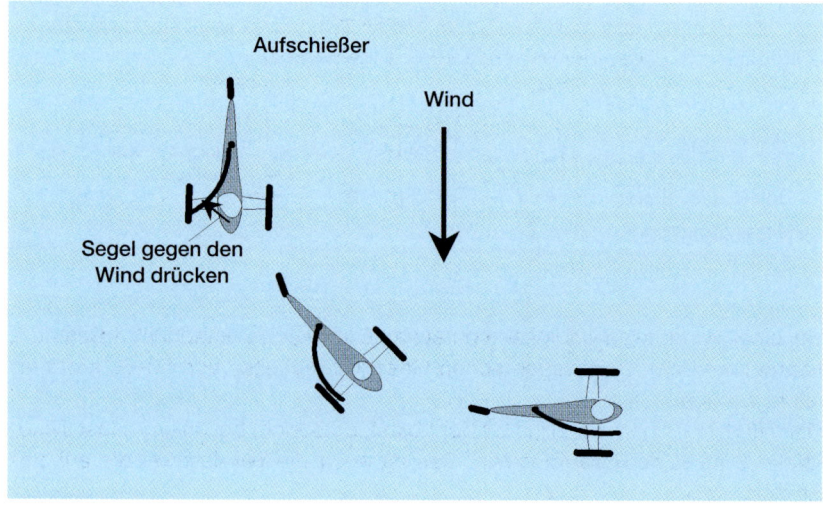

Bei einem Strandsegler ist es meist nicht erforderlich, bis ganz in den Wind zu fahren, da die Räder mit ihrem Rollwiderstand den Rest tun. Steht man direkt mit dem Bugrad im Wind, muss man erst einmal den Wagen um 45° vom Wind wegdrehen, um wieder in Fahrt zu kommen. Das Anfahren erfolgt dann wieder wie bereits beschrieben.

Klappen die Manöver beim Umrunden der Fahnen und hat man den Segelwagen unter Kontrolle, sollte die Geschwindigkeit durch Dichtholen des Segels gesteigert werden.

Das Vektorendiagramm zeigt, dass die Geschwindigkeit auf dem Halbwindkurs deutlich höher ist als die tatsächliche Windgeschwindigkeit. Der Vektor der Fahrtwindgeschwindigkeit ist etwa dreimal so lang wie der des Windes.

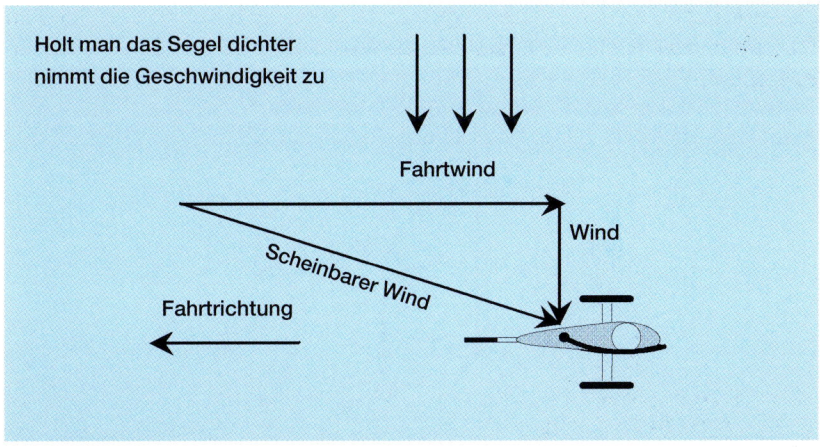

Bei einer Windgeschwindigkeit von etwa 16 km/h, das entspricht 3 Beaufort, können mit dem Segelwagen schon Geschwindigkeiten von 50–60 km/h erreicht werden.

Der Wind, der einem dann ins Gesicht bläst, entspricht bei 65 km/h fast Windstärke 8 nach der Beaufortskala. Das ist auch die Windstärke, die auf das Segel einwirkt.

Bei einer Windstärke von 5 Bft, entsprechend 33 km/h Windgeschwindigkeit, kann eine Fahrgeschwindigkeit von 100 km/h erreicht werden. Aus dem Vektorendiagramm ergibt sich dann ein scheinbarer Wind von 120 km/h, der auf das Segel einwirkt. Diese hohen Windgeschwindigkeiten und die Beherrschung der daraus resultierenden Kräfte ist sehr gewöhnungsbedürftig. Aber auch das Segelmaterial und das komplette Rigg müssen für diese Belastung ausgelegt sein.

Wenden wir uns nun erst einmal dem Kurs am Wind oder auch gegen den Wind zu, einem Bereich, der dem gewohnten Segeln am nächsten kommt.

Das Segeln am Wind

Nachdem man viele Achten mit nicht ganz dicht gezogenem Segel gefahren ist und ein Gefühl und Vertrauen zu dem Segelwagen gewonnen hat, kann man mit dem nächsten Schritt, *Kreuzen am Wind*, beginnen.

Jeder Kurs höher als halber Wind ist das Segeln am Wind.

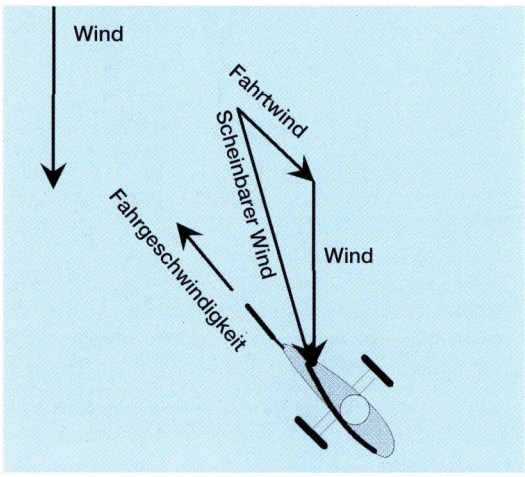

Das Anfahren am Wind ist auch möglich. Bei sehr wenig Wind günstiger als das Anfahren mit halben Wind, da das Segelprofil sich bei etwas dichtgeholtem Segel besser ausbildet und die Vortriebskräfte dadurch höher sind.

Hierzu lenkt man bis etwa 45° an den Wind, wobei das Segel möglichst dicht genommen wird. Die Höhe am Wind sollte so sein, dass der Segelwagen nicht zu langsam wird. Wird man mit dichtem Segel zu langsam, sollte sofort leicht abgefallen werden.

Diese Manöver müssen sehr ruhig ausgeführt werden.

Um den Segelwagen immer auf einer optimalen Geschwindigkeit zu halten, ist ein leichter Schlangenlinienkurs am Wind sehr wirksam.

In dem folgenden Diagramm sind die möglichen Fahrgeschwindigkeiten in Abhängigkeit vom Kurs dargestellt.

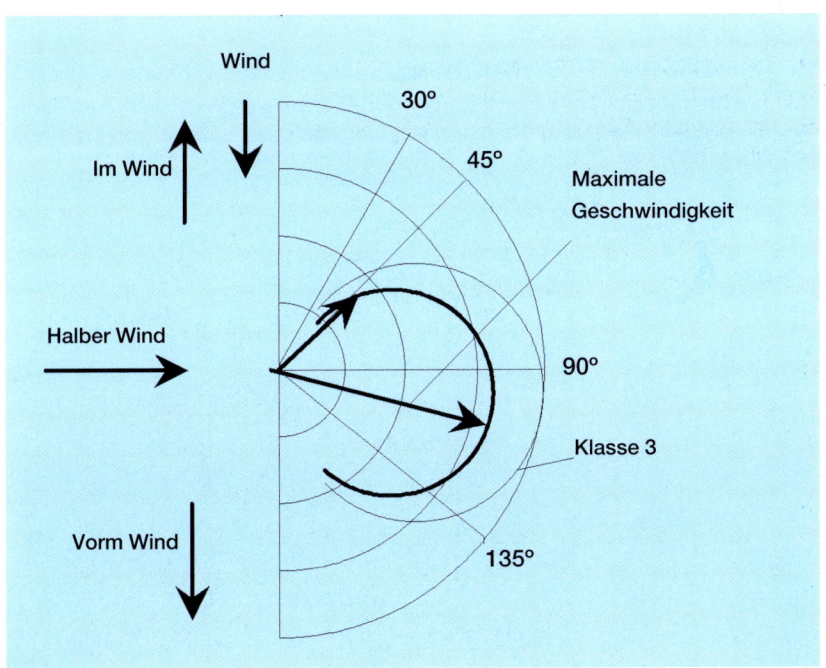

Deutlich zu ersehen ist die Fahrgeschwindigkeitsabnahme mit der Höhe am Wind. Bei einer Höhe von 30° am Wind geht sie gegen null. Ebenso deutlich ist die Zunahme beim Abfallen vom Wind zu erkennen.

Der hier eingezeichnete Geschwindigkeitsverlauf entspricht einer Landyacht mit durchschnittlichen Fahrleistungen.

Die maximal erreichbare Geschwindigkeit liegt bei der drei- bis vierfachen Windgeschwindigkeit.

Wenden wir uns nun wieder dem Kreuzen zu und den dabei auftretenden Reaktionen des Segelwagens auf die Windkräfte, die durch das Rigg in den Wagen eingeleitet werden.

Neben der erwünschten Vortriebskraft haben wir auch leider eine Kraft, die den Segelwagen umkippen will.

Das Rad in Luv, also auf der zum Wind liegenden Seite, wird entlastet und kann sogar vom Boden abheben.

Der Segelwagen beginnt zu steigen. Dies ist am Anfang gewöhnungsbedürftig, stellt aber nur im Extremfall eine Gefahr dar. Diesem Vorgang kann durch Öffnen des Segels oder indem man höher an den Wind steuert entgegengewirkt

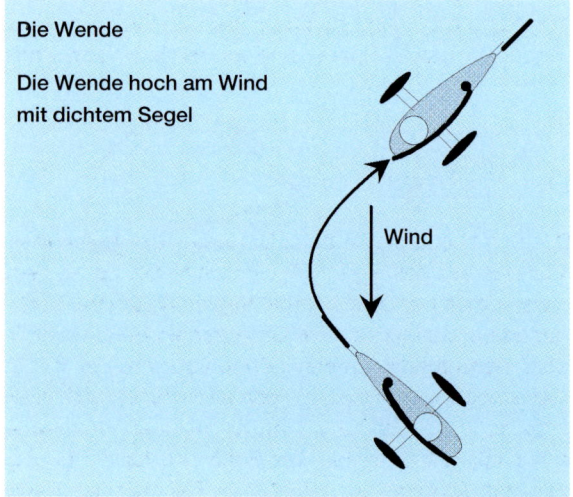

Die Wende

Die Wende hoch am Wind mit dichtem Segel

Wind

werden. Nach einiger Übung macht es sogar Spaß, da bei ruhiger Handhabung mit dem Segel und der Fußsteuerung dieses Steigen gut zu kontrollieren ist. Durch den Widerstand des Segels wird dieser Vorgang gedämpft. Nur wenn das Segel plötzlich losgelassen wird, plumpst man auf den Boden zurück. Hierbei können Schäden an Achse und Rad auftreten.

Da natürlich der Strand oder die Fläche, auf der geübt wird, begrenzt ist, muss eine Kursänderung eingeleitet werden.

Dies geschieht auf der Kreuz, das ist der Zick-Zack-Kurs gegen den Wind, mit einer Wende. Die Wende muss mit ausreichendem Schwung gefahren werden, da im Augenblick, in dem man mit dem Bugrad durch den Wind geht, ein Geschwindigkeitsverlust eintritt.

Bei zu geringer Geschwindigkeit kann durch leichtes Abfallen noch einmal Fahrt aufgenommen werden, bevor man die Wende zügig einleitet. Nach der Wende das Segel etwas fieren und mit Gefühl dichtholen.

Auch dieses Manöver sollte man häufig üben. Es ist sehr schwierig für den Anfänger, auf dem neuen Bug gleich wieder die optimale Höhe zu finden. Nun gilt wieder, nicht einfach geradeaus weiterzufahren, sondern immer das Optimum zwischen Höhe am Wind und Geschwindigkeit zu suchen.

Nun kann man nicht endlos gegen den Wind ankreuzen, man muss ja auch wieder zurück, und damit sind wir bei dem Vormwindkurs.

Der Vormwindkurs

Der Vormwindkurs ist beim Strandsegeln gegenüber dem bekannten Segeln an der Kreuz das eigentlich wirklich Neue. Es ist gleichzeitig der schwierigste Kurs, auf dem auch erfahrene Segler manchmal noch Fehler machen.

Nachdem man jedoch die Grundregeln beherrscht, ist es auch der schönste Kurs, denn man kann gegenüber Konkurrenten mit Leichtigkeit hunderte von Metern gutmachen, wenn diese auch nur einen kleinen Fehler begehen.

Es ist zudem auch angenehm, mit geringen Windkräften im Rigg eine hohe Geschwindigkeit zu fahren. Die Erklärung für die geringeren Riggkräfte ist dem Vektorendiagramm zu entnehmen. Bei gleichem Fahrtwind wie auf dem Halbwindkurs wirkt der wahre Wind zum Teil entgegen, so dass der scheinbare Wind kleiner wird.

Bevor man jedoch auf Vormwindkurs geht, muss über den Halbwindkurs ausreichend Fahrt aufgenommen werden. Betrachtet man das Vektorendiagramm für den Halbwindkurs, wird einem sehr schnell bewusst, dass der Anteil des wahren Windes gegenüber dem scheinbaren Wind, also dem Wind, der uns den Vortrieb liefert, nur ein Drittel ausmacht.

Nur mit einem ausreichenden Fahrtwind kann man auf den Vormwindkurs gehen. Dies wird deutlich, vergleicht man die beiden folgenden Varianten.

Die Variante A mit hoher Geschwindigkeit und damit ausreichend Fahrtwind vor dem Abfallen zeigt, dass das Segel im richtigen Winkel angeströmt wird.

Klasse-5-Yacht beim Abfallen auf den Vormwindkurs.

Ein optimaler Vortrieb ist auch für den Vormwindkurs gesichert.

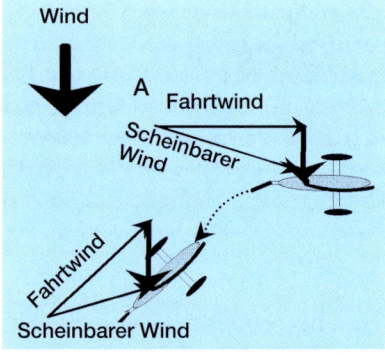

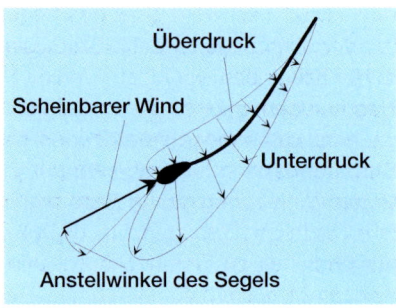

Die Variante B mit zu geringer Fahrt zeigt ein Abreißen der Strömung auf der Leeseite des Segels durch den zu raum einfallenden scheinbaren Wind.

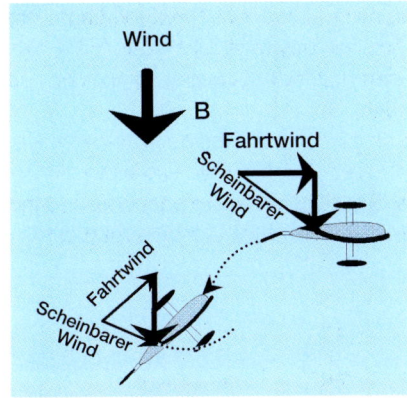 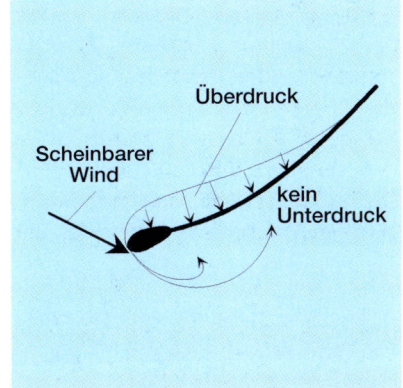

Bei genügend Wind kann durch Öffnen des Segels die Strömung wieder angelegt werden.

Reicht das für eine Geschwindigkeitssteigerung nicht aus, muss wieder angeluvt werden.

Fährt man jedoch mit dieser für den Vormwindkurs zu langsamen Geschwindigkeit weiter und fällt noch mehr ab, dann spürt man auf einmal keinen Wind mehr. Die Geschwindigkeit des Segelwagens entspricht jetzt der des wahren Windes. Das Segel lässt sich in dieser Phase problemlos von der einen zur anderen Seite nehmen.

Nach weiterem Geschwindigkeitsverlust, der auf diesem Kurs zwangsläufig ist, wird der scheinbare Wind im Nacken spürbar. Nun steht nur noch der Staudruck als Vortrieb zur Verfügung.

Ist der Wind kräftig genug, kann man sich ähnlich wie beim Wassersegeln vom Wind schieben lassen. Bei weniger Wind oder weichem Sand wird man jedoch ausrollen, da die Vortriebskraft, ohne den Unterdruckanteil von etwa 75%, nicht mehr ausreicht.

Die Darstellung verdeutlicht den geringen Anteil des scheinbaren Windes gegenüber der wahren Windstärke.

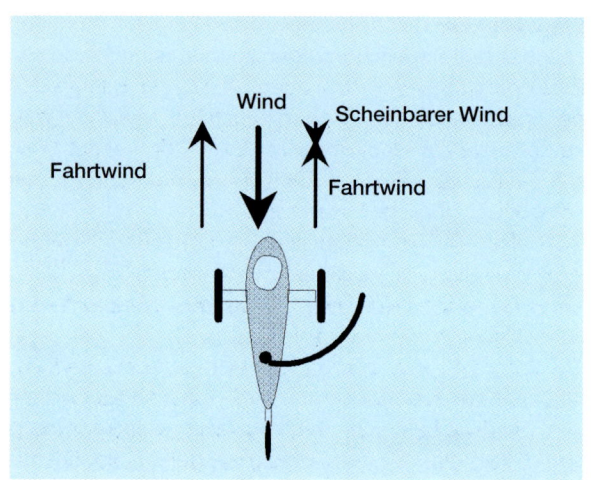

Achtung, rollt man eine Zeitlang bei stärkerem Wind so gemächlich dahin, kann man schnell vergessen, wie stark der Wind wirklich ist. Bei einer Kursänderung in Richtung Halbwind oder höher wird sich der Wind urplötzlich wieder bemerkbar machen und den Wagen beschleunigen.

Es kann jedoch auch das Segel plötzlich auf die andere Seite geschlagen werden, da eine minimale Kursänderung vorher nicht spürbar war.

Die richtige Art vorm Wind zu segeln ist der Kurs zwischen 45° und 60° vor dem Wind. Auch hier ist der optimale Kurs wieder eine Schangenlinie, wobei man mit Fahrtüberschuss in die Tiefe fährt und, sowie die Geschwindigkeit nachlässt, sofort wieder anluvt und dadurch beschleunigt. Also entgegengesetzt dem Amwindkurs. Diese Art des Segelns ist besonders schwierig und bedarf sehr viel Übung.

Bei Wettfahrten kann man immer wieder beobachten, wie sich auf diesem Kurs die Spreu vom Weizen trennt, denn die Geschwindigkeitsunterschiede sind hier sehr groß.

Auf dem Vormwindkurs nennt man die Kursänderung, bei der das Segel von der einen auf die andere Seite umgelegt wird, Halse.

Die Halse

Eine optimale Halse (Abbildung A) mit einer Landyacht muss so gefahren werden, dass der scheinbare Wind auch im Augenblick des Bugwechsels von vorn kommt, wie bei einer Wende, obwohl der wahre Wind aus der entgegengesetzten Richtung kommt. Dies hört sich paradox an, ist es aber nicht, wie das Vektordiagramm der Halse zeigt.

Die Halse »A« wird optimal gefahren. Das Segel wird bei der Kursänderung mit leichtem Killen auf die andere Seite wechseln.

Diese Halse fährt sich wie eine Wende, da während des Manövers der scheinbare Wind von vorne kommt.

Bei der Halse in Abbildung B ist die Geschwindigkeit für dieses Manöver zu langsam, der wahre Wind ist größer als der scheinbare Wind. Das Segel wird wie beim Wassersegeln umgeschlagen, das bedeutet, die Anströmung erfolgt von hinten. Da die Geschwindigkeit gering ist, stellt dies nicht unbedingt eine kritische Situation dar.

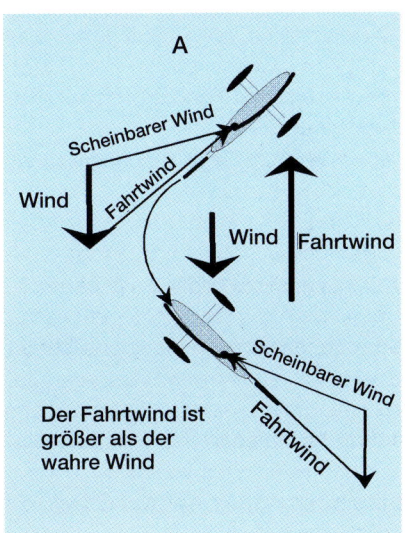

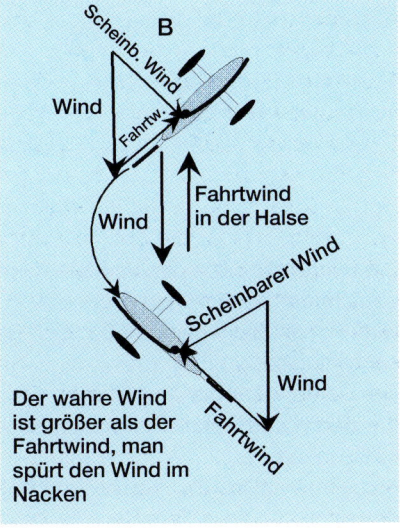

Für alle Manöver beim Strandsegeln ist die Geschwindigkeit wichtig. Hier zur Übersicht die maximalen Geschwindigkeiten auf den möglichen Kursen.

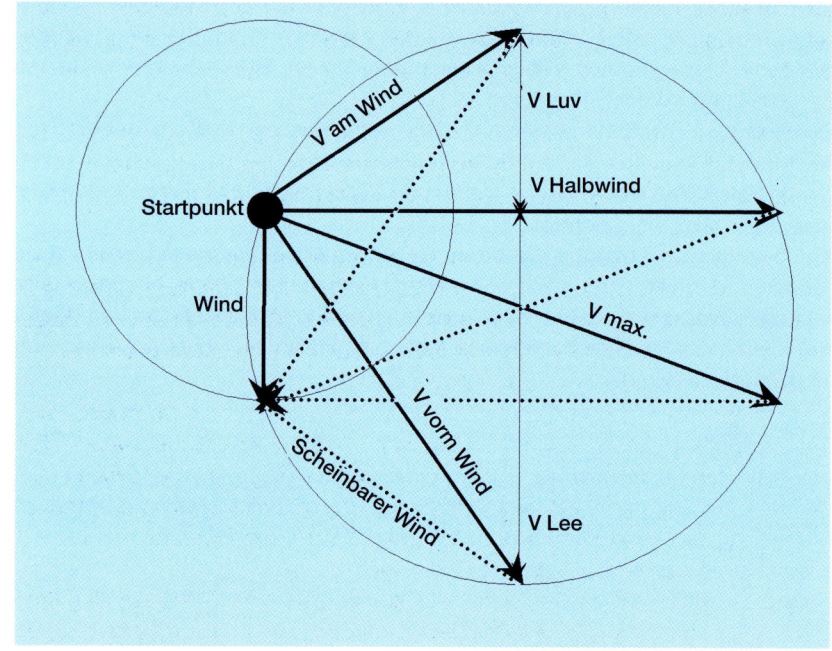

Die Länge der einzelnen Vektoren ins Verhältnis gesetzt, bildet ein Maß für die erreichbaren Geschwindigkeiten.

Nimmt man den wahren Wind mit 4 Beaufort an, das entspricht einer Windgeschwindigkeit von 24 km/h, dann ergibt sich für den Amwindkurs eine Geschwindigkeit von etwa 40 km/h.

Für den Halbwindkurs kann man dem Vektorendiagramm eine Geschwindigkeit von etwa 60 km/h und eine maximale Geschwindigkeit von etwa 70 km/h entnehmen. Die Geschwindigkeit mit dem größten Weg nach Lee liegt bei 60 km/h.

Was kann man mit diesen theoretisch ermittelten Geschwindigkeiten für die verschiedenen Kurse anfangen? Sie sind nicht nur für das optimale Wettsegeln eine große Hilfe, da beim Strandsegeln ein Kompass für das Segeln einer optimalen Kreuz nichts nützt, sondern auch für den Anfänger, der nun in etwa weiß, bei welchen Windstärken er sich das Strandsegeln noch zutrauen kann. Verwendet man an seinem Segelwagen einen Fahrradtachometer, dessen Impulsgeber am Vorderrad befestigt ist, hat man eine gute Orientierungshilfe. Segelt man am Wind und hat die angenommenen 4 Windstärken, dann sollte bei dichtem Segel auch eine Geschwindigkeit möglichst nahe an 40 km/h erreicht werden. Auf keinen Fall sollten 30 km/h unterschritten werden. Es ist sonst sicher, dass einige Gegner locker unter einem durchfahren.

Auf dem Halbwindkurs ist die theoretische Geschwindigkeit für eine Wettfahrt nicht so sehr von Bedeutung. Hier zählt mehr der direkte Vergleich, da man hier kaum einen anderen Kurs wählen kann. Die einzige Möglichkeit etwas schneller zu sein ist, jede Bö in Höhe umzusetzen und danach sofort wieder etwas abzufallen, um die Geschwindigkeit zu steigern.

Wichtig hingegen ist die Geschwindigkeitsmessung für den Vormwindkurs. Auf diesem Kurs ist der optimale Weg nach Lee schwer zu finden wegen des erheblich geringeren scheinbaren Windes. Auch hier sollte man versuchen, der theoretischen Geschwindigkeit möglichst nahe zu kommen, bei guter Tiefe vor dem Wind. Segelt man zu tief, wird man zu langsam, segelt man zu hoch, wird man zwar schneller, aber der Weg ist zu weit.

Aber diese letzteren Hinweise waren eigentlich schon mehr für den Regattasegler gedacht. Für viele Strandsegler werden sie erst in einem weiter fortgeschrittenen Stadium akut, für manche unter Umständen sogar nie.

Kritische Situationen

Das Strandsegeln, mit den Manövern wie Wende und Halse, ist bei leichten bis mittleren Winden, nach einiger Übung, gut zu beherrschen. Nimmt der Wind jedoch zu, kann es zu recht heiklen Situationen kommen, da der Strandsegler keine wirksame Bremse hat. Besonders dann, wenn der Platz, auf dem die erforderlichen Manöver zu fahren sind, zu eng wird. Hat der Strandsegler erst einmal seine Geschwindigkeit erreicht, ist es gar nicht so leicht, wieder zum Stehen zu kommen, besonders wenn der Platz zum Ausrollen gegen den Wind fehlt. Kritisch wird die Situation, wenn man mit hoher Geschwindigkeit auf einem relativ schmalen Strandabschnitt mit halben Wind segelt und in entgegengesetzter Richtung zurück will.

Bei leichtem Wind ist dieses Manöver ohne Probleme sowohl mit einer Halse als auch mit einer Wende zu beherrschen. Ist der Wind jedoch stärker, etwa 5 Bft, entsprechend etwa 33 km/h, muss für eine Wende die Geschwindigkeit reduziert werden, da die Wende aus dem Halbwindkurs bei hoher Geschwindigkeit einen großen Bogen benötigt. Dieser gerät dann besonders groß, wenn in der Panik noch einiges falsch gemacht wird.

Beim Anluven wird, durch den spitz einfallenden Wind, das Segel flattern und das Vorderrad nach Lee drücken. Es ist dann sehr schwer, den Segelwagen durch den Wind zu steuern. Gelingt es doch noch, wird es ein weiter Bogen werden, der möglicherweise im Wasser endet, das wahrscheinlich die Begrenzung bildet.

Ich war einmal Augenzeuge eines solchen Manövers, das nicht im Wasser, sondern in einer Uferbefestigung endete, mit der völligen Zerstörung des Segelwagens.

Versucht man nun die Geschwindigkeit durch Fieren des Segels zu reduzieren, wird das Segel flattern beziehungsweise hin und her schlagen. Der Wagen beziehungsweise das Vorderrad wird auch hier durch das schlagende Segel nach Lee weggedrückt.

Durch den extremen Einsatz der Kratzbremse kann man diesen Vorgang verkürzen. Reicht dies nicht, um das Schlagen des Segels zu stoppen und ist noch genügend Raum nach vorn, holt man das Segel schnell wieder dicht, wobei das Körpergewicht nach vorn verlagert wird. Nun kann man wieder steuern und luvt an, wobei man mit Einsatz der Bremse die Geschwindigkeit verringert, um dann die Wende einzuleiten.

Die Beschreibung der Situation verdeutlicht, dass eine Wende nur mit dichtgehaltenem Segel bei viel Wind möglich ist.

Nach der Wende wird man auf den Halbwindkurs zurückgehen müssen, um nicht ins Wasser zu fahren. Hierbei muss das Segel sofort geöffnet werden, da der Segelwagen sonst unkontrolliert steigt. Das Segel wird nun nicht mehr so stark schlagen, da die Geschwindigkeit nicht mehr so hoch ist.

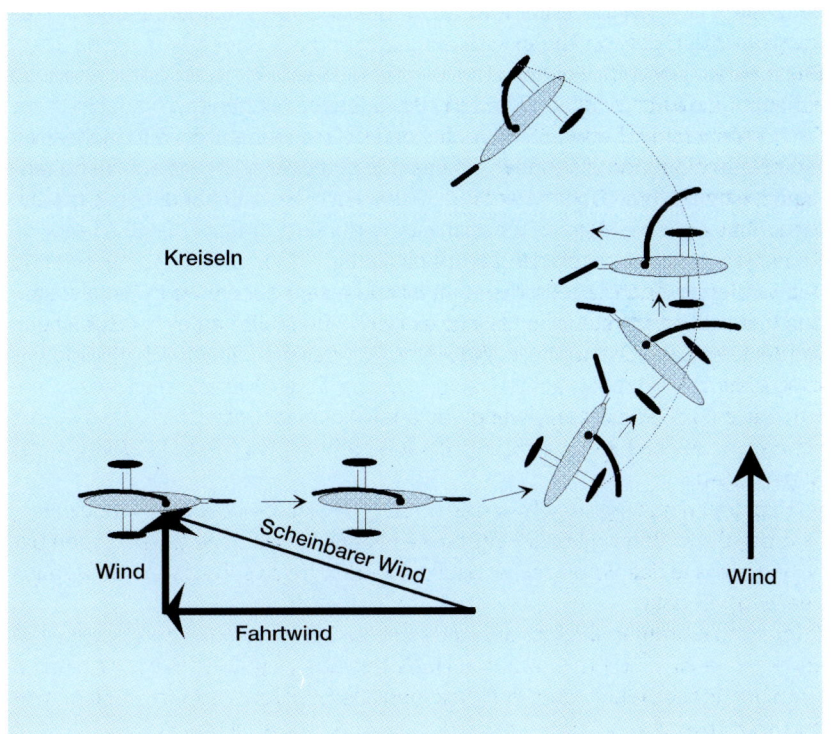

43

Ist der Wagen bei dem ersten Öffnen des Segels aber schon zu weit nach Lee gedrückt worden, schafft man die Wende also nicht, muss ein Notmanöver gefahren werden. Dieses Notmanöver ist eine extrem gefahrene Halse. Es wird eingeleitet ohne die Geschwindigkeit vorher zu reduzieren mit maximalem Lenkeinschlag nach Lee. Bei leichtem Lenkeinschlag würde der Segelwagen steigen.

Das Segel wird bei der Halse problemlos durch den Wind gehen. Im dem Augenblick, in dem es auf die andere Seite wechselt, lässt man es los. Nach der Halse wird der Segelwagen, verursacht durch den Segeldruck, extrem übersteuern, er kreiselt. Er dreht mit der Nase bis in den Wind oder sogar weiter. Die gesamte Bewegungsenergie wird durch diesen Dreher aufgebraucht. Dieses Manöver sollte man an Tagen mit kräftigem Wind auf einer freien Fläche üben. Es ist die einzige Möglichkeit, den Segelwagen schnell zu stoppen, denn die Kratzbremse hat für kritische Situationen keine ausreichende Wirkung.

Ich habe mich mit diesem Manöver schon aus unangenehmen Situationen retten können. Die Voraussetzung, ein solches Manöver auch wirklich zu beherrschen, ist viel Übung.

Man muss es können, wenn plötzlich ein Hindernis auftaucht. Ohne es wirklich konsequent trainiert zu haben, klappt es nicht.

Als wichtigste Grundregel sollte beim Strandsegeln gelten: weit vorausschauend denken und alle Manöver frühzeitig mit Bedacht und mit ausreichend Raum ausführen.

Immer auf die Mitsegler achten, kein Manöver in der Nähe von anderen Seglern fahren, außer einem notwendigen Ausweichmanöver.

Die Ausweichregeln

Ausweichregeln auf dem Halbwindkurs

Kommt man sich auf dem Halbwindkurs entgegen, gilt es nach rechts auszuweichen und rechts aneinander vorbeizufahren. Es ist eine Unsitte von einigen Regattaseglern bei Wettfahrten, um in Luv zu bleiben, diese Regel immer wieder zu missachten. Speziell die Engländer haben, wegen des Linksverkehrs auf ihren Strassen, damit ihre Probleme.

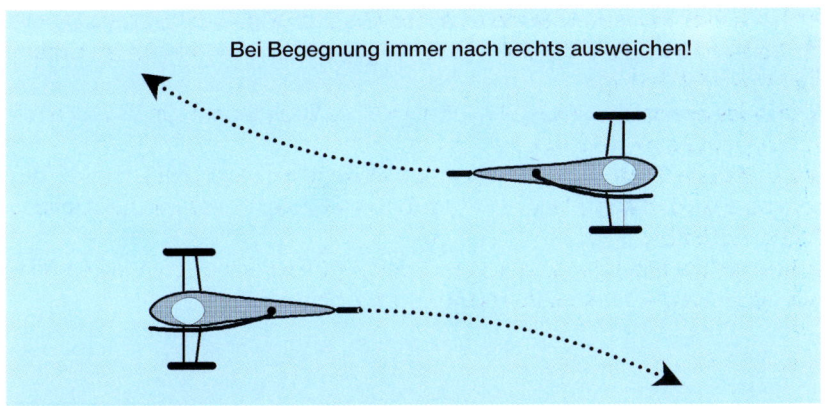

Bei Begegnung immer nach rechts ausweichen!

Kreuzen sich die Wege gilt die folgende Regel:
Wer von rechts kommt, hat Vorfahrt.
Wer Vorfahrt hat, ist aber auch verpflichtet, seinen Kurs zu halten, damit der Ausweichpflichtige auch ausweichen kann. Führt der Vorfahrtberechtigte trotzdem ein Manöver durch, verliert er sein Vorfahrtsrecht und trägt an einem eventuellen Unfall die Schuld.

Ausweichregeln auf dem Amwindkurs

Ist auf dem Halbwindkurs das Ausweichen eindeutig, so gibt es auf dem Amwindkurs zwei mögliche ständig zu beobachtende Manöver.
Abbildung 1 zeigt die korrekte Weise auszuweichen. Der Ausweichpflichtige weicht nach rechts aus. Bei dieser Kursänderung durch Abfallen nimmt die Geschwindigkeit noch zu, so dass durch das Ausweichmanöver kaum ein Höhenverlust entsteht. Dieses Manöver ist eindeutig.

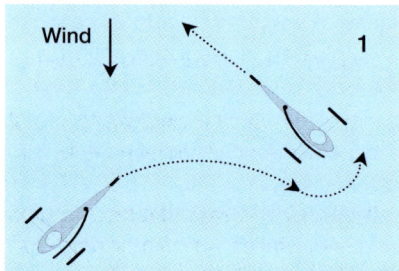

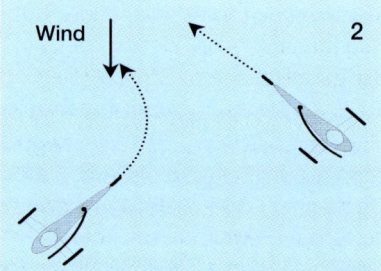

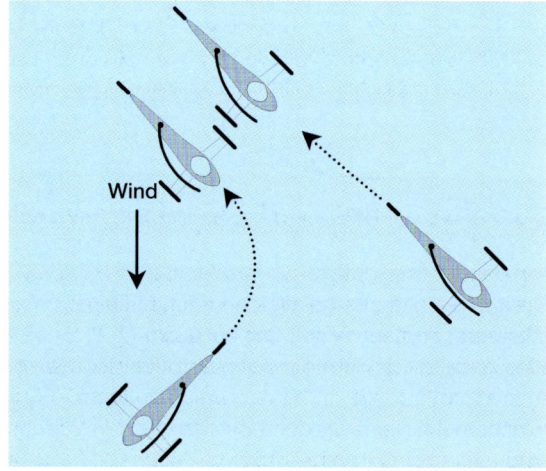

Das zweite mögliche Ausweichmanöver mit einer Wende zeigt Abbildung 2. Wie ich bei Wettfahrten häufig feststellen konnte, ist dieses Manöver sehr beliebt, obwohl es viele Nachteile hat.

Es wird wohl deshalb so häufig gefahren, weil der Ausweichpflichtige sich zu spät entscheidet und dann zum Abfallen keine Zeit mehr ist. Bei diesem Manöver muss man sich aber darüber klar sein, dass bei einer eventuellen Berührung die Schuldfrage eindeutig ist. Häufig wird nach dem Manöver des Ausweichpflichtigen sogar geluvt, das kommt bei einigen Strandseglern vom Wassersegeln. Dies ist nicht erlaubt, denn der Vorfahrtberechtigte kommt immer noch von rechts.

Betrachten wir dieses Ausweichmanöver bis zum Ende, dann wird der Nachteil deutlich.

Auch nach einer optimal gefahrenen Wende ist ein Geschwindigkeitsverlust eingetreten. Der Vorfahrtberechtigte liegt über einem und man befindet sich im Abwind. Die Folge ist weiterer Fahrtverlust.

Ob man nun einfach nur so zum Spaß segelt oder eine Wettfahrt fährt, ich kann nur das erste Manöver empfehlen. Nach rechts abfallen und hinter dem Vorfahrtberechtigten durchsegeln, denn beim nächsten Schlag kommt man ja selbst von rechts und hat dann die Vorfahrt.

Über dem Vorfahrtberechtigten durchfahren sollte man nur, wenn der Abstand groß genug ist. Die Möglichkeit einer Winddrehung, die ein Abfallen erforderlich macht, sollte hierbei immer berücksichtigt werden.

Vorfahrtsregeln auf dem Vormwindkurs

Auf dem Vormwindkurs gilt wieder rechts vor links.

Die korrekte Art des Ausweichens ist, nach rechts anluven und hinter dem Vorfahrtberechtigten vorbeifahren (Abbildung 1, Seite 48).

Eine andere Möglichkeit, das Ausweichmanöver mit einer Halse, ist nicht zu empfehlen. Es ist kein besonders sportlicher Akt, da man sich über den Vorfahrtberechtigten legt und ihm den Wind wegnimmt. Der Vorfahrtberechtigte wird außerdem noch behindert zu luven um Schwung zu holen (Abb. 2, S.48).

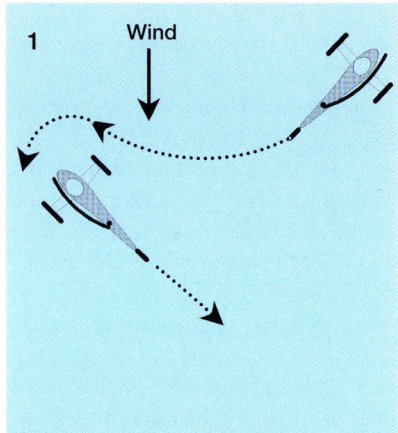
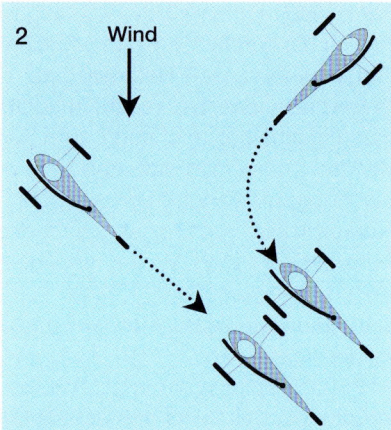

Dieses Manöver birgt zudem noch erhebliche Gefahren. Wird die Halse nicht einwandfrei gefahren, ist eine Berührung vorprogrammiert. Bei viel Wind wird der Segelwagen bei der Halse schlingern. Der Schuldige ist in diesem Fall dann eindeutig, da der Ausweichpflichtige zudem dabei auch noch ein Manöver fährt. Ein Manöver aber darf nur ohne Behinderung von Mitseglern gefahren werden.

Das Überholen

Der Überholende muss sich freihalten. Das bedeutet: er darf den zu Überholenden nicht behindern oder gar berühren. Empfohlen wird in Luv zu überholen, um diesen Vorgang so kurz wie möglich zu halten. Obwohl dies eigentlich im weitesten Sinne eine Behinderung ist, ist es legal.
Das Überholen in Lee ist jedoch auch erlaubt.
Dass derjenige, der überholt wird, sich sportlich verhält und keine extremen Manöver fährt, ist die Voraussetzung für ein sauberes Überholmanöver. Dies ist leider nicht immer der Fall. Will einer in Luv überholen, wird von dem zu Über-

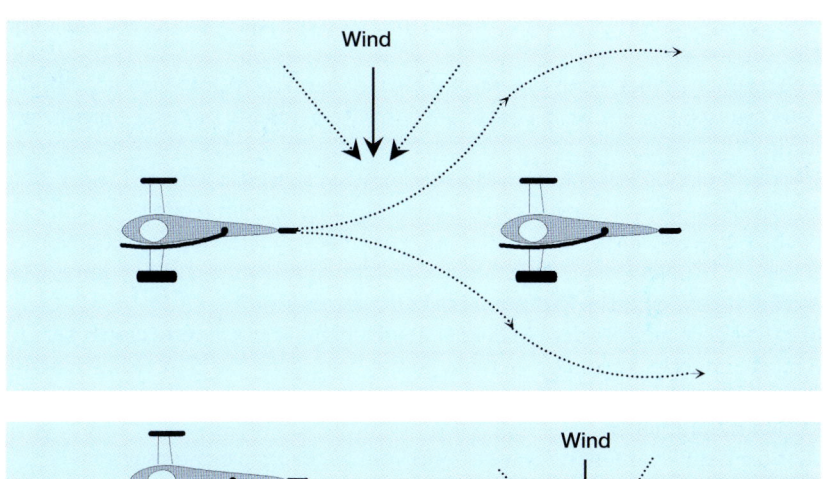

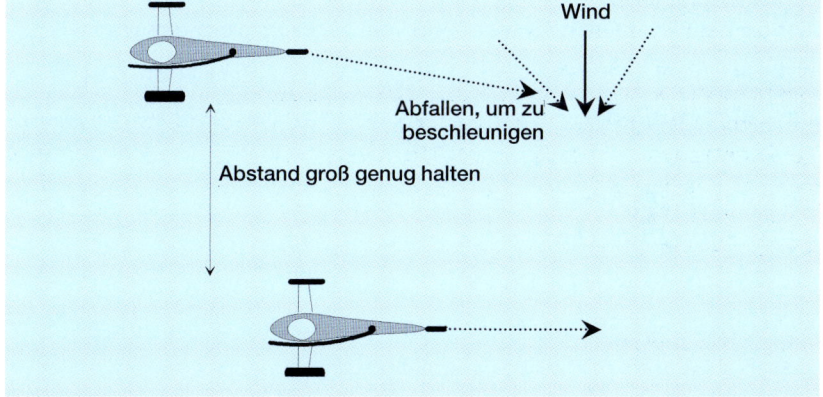

holenden häufig extrem geluvt. Will der Überholende dann in Lee durch, lässt sich der zu Überholende extrem abfallen. Dieses Verhalten wird damit begründet, dass der Überholende sich freihalten muss. Ein solches Verhalten ist natürlich unsportlich, die Beweislage jedoch immer recht schwierig.

Der zu Überholende hat zwar als »Vorfahrtberechtigter« eine Kurshaltepflicht, es kann dem Überholer jedoch nur geraten werden, den seitlichen Abstand beim Überholen groß genug zu halten, um solchen linken Manövern aus dem Weg zu gehen.

Es ist jedoch immer wieder zu beobachten, dass zu dicht am Mitsegler vorbeigefahren und dadurch das vorher geschilderte Verhalten geradezu provoziert wird.

Der Überholende kommt von hinten und hat den zu Überholenden gut vor sich im Blickfeld. Der zu Überholende bemerkt häufig erst im letzten Augenblick, dass er überholt wird. Es ist daher auch nicht besonders klug, zu dicht vorbei zu fahren, da bei einem plötzlichen Ausweichmanöver vor einem Hindernis des zu Überholenden keine Zeit mehr bleibt um zu reagieren.

Man sollte also immer dem Mitsegler ausreichend Raum lassen. Gegenseitige Rücksichtnahme sollte das oberste Gebot sein, denn bei den Geschwindigkeiten, die beim Strandsegeln gefahren werden, sind schwere Verletzungen nicht auszuschließen.

Dies gilt natürlich für den Amwind- und Vormwindkurs gleichermaßen.

Die zusätzlichen Regeln für Regattasegler

Der Start

Für das Wettsegeln gelten die gleichen Vorfahrts- beziehungsweise Ausweichregeln wie beim normalen Strandsegeln. Da es jedoch bei einer Wettfahrt einen Start, ein Ziel und Bahnmarken gibt, die den Kurs vorgeben, ist es notwendig diese Sonderfälle auch durch besondere Regeln zu erfassen.

Beginnen wir mit dem Start, bei dem eine besondere Startprozedur für das Strandsegeln entwickelt wurde. Die Zuordnung der Startplätze erfolgt durch Ziehen einer Nummer. Diese Startnummer ist der erste Startplatz für das erste Rennen.

Eine Regatta auf nationaler Ebene besteht üblicherweise aus sechs Rennen. Eine solche Veranstaltung wird an zwei Tagen an einem Wochenende durchgeführt. Normalerweise finden bis zu vier Rennen am ersten Tag statt. Am folgenden Tag werden die restlichen zwei Rennen, wenn dies der Wind zulässt, durchgeführt. Vor jedem Rennen findet das sogenannte Briefing statt, bei dem der Kurs beschrieben wird und Sonderregelungen erläutert werden.

Bei Europameisterschaften ist eine Anzahl von bis zu zehn Läufen vorgesehen, allerdings über einen Zeitraum von einer Woche. Je nach der Anzahl der erfolgten Rennen können bis zu zwei Wettfahrten gestrichen werden.

Der Startplatz für das erste Rennen ist die gezogene Startnummer.

Die weiteren Startplätze werden durch ein nach dem Mathematiker Morell benanntes Zahlensystem bestimmt.

1	15	7	12	4	18
2	14	8	11	5	17
3	13	9	10	6	16

Start einer Regatta auf Rømø mit verschiedenen Riggtypen: Klasse 3 neu (hoher Mast) und Klasse 3R alt (kürzerer Mast). Ein für das Strandsegeln umgebauter DN-Eissegler ist auch darunter.

Hat man die Nummer 5 gezogen, so gibt die zweite Reihe die Startplätze vor. Der erste Startplatz ist 5. Der Startplatz für das zweite Rennen 17, für das dritte 2 usw. Dieses Zahlensystem berücksichtigt die Anzahl der Teilnehmer und versucht annäherungsweise durch die Zuordnung der verschiedenen Startplätze auch Chancengleichheit zu gewähren.

Es gibt verschiedene Tabellen, ja nach Anzahl der Teilnehmer. Die Tabelle mit 18 Teilnehmern ist die kleinste. Es folgen Tabellen für 24, 32 usw. Sind nur 16 Teilnehmer am Start bleiben immer zwei Plätze frei. Es darf jedoch nicht aufgerückt werden.

Der Start erfolgt in mehreren Reihen mit je 9 oder 12 Teilnehmern, der Anzahl der Teilnehmer entsprechend und der Möglichkeiten, die der Strand bietet. Die

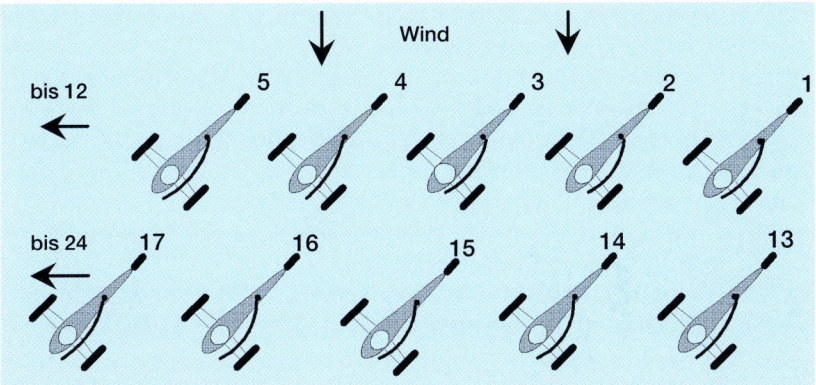

Startreihen sollten diagonal gegen den Wind ausgelegt werden. Die Startnummer 1 liegt in Fahrtrichtung immer rechts, damit das Morell-System bezüglich der Chancengleichheit auch funktioniert.

Werden mehr als sechs Rennen gefahren, beginnt man wieder mit der gezogenen Nummer oder lost erneut aus.

Die Vorfahrtsregeln beim Start richten sich nach den Startnummern. Der Segler mit der niedrigeren Nummer hat Vorfahrt. Der Segler mit der höheren Start-

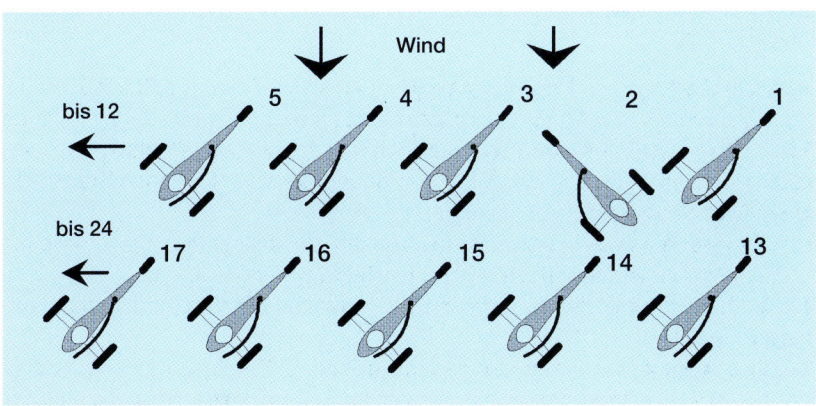

nummer hat auszuweichen. Der Startschlag ist der erste Kurs nach dem Start, ohne Manöver wie Wende oder Halse.

Will also beim Start die Nummer 2 mit dem Segel auf Backbord nach links starten, muss dies die Nummer 3 auch tun. Es sei denn, der Segler mit der Nummer 3 wartet bis der Segler mit der Nummer 2 gestartet ist und startet dann mit dem Segel zur anderen Seite hinter der Nummer 2 durch, ohne diesen zu behindern. Dies gilt auch für alle folgenden Startnummern.

Hierbei ist allerdings zu beachten, dass nicht immer nur eine Reihe startet, es können auch drei oder sogar vier Reihen sein.

Betrachtet man beispielsweise die Startnummern 2 und 3 auf der vorhergehenden Abbildung und bedenkt, dass auf das Startkommando alle Teilnehmer

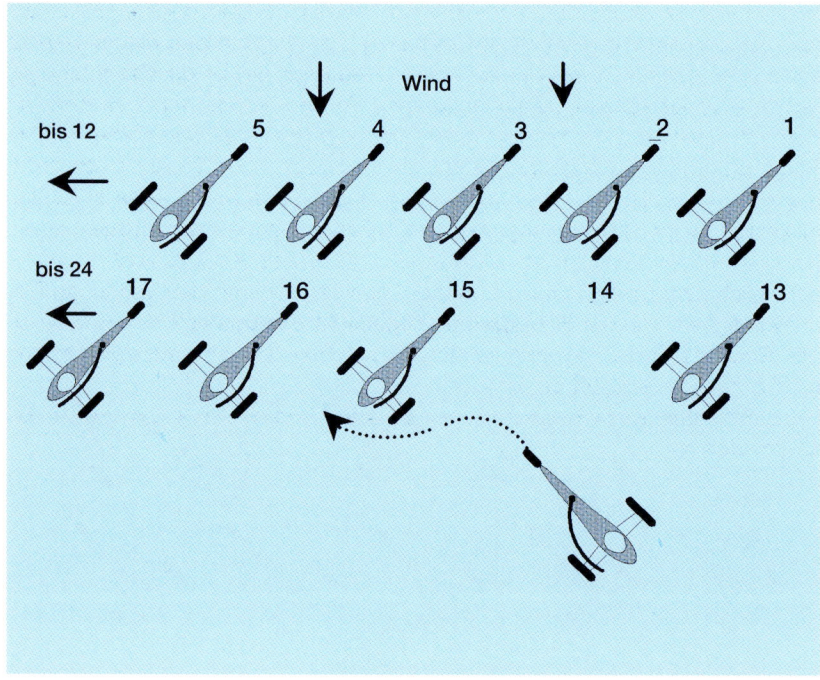

ihren Segelwagen anschieben, lässt sich leicht erkennen, dass das Chaos vorprogrammiert ist. Ein Start auf entgegengesetztem Bug muss vorher gut überlegt werden, denn eine absichtliche Behinderung ist zu vermeiden.

Hat man jedoch einen außenliegenden Startplatz (wie Nr. 12 oder 24), dann bietet sich durchaus diese Möglichkeit an. Der Vorteil eines solchen Starts ist offensichtlich, hat man doch nach einigen Schritten schon freien Wind.

Eine weitere Ausnahme für einen Start auf entgegengesetztem Bug bietet die letzte Reihe. Man hat ausreichend Platz, so dass man sogar seinen Segelwagen etwas zurückziehen kann, um hinter den anderen Seglern gut freizukommen (Nr. 14). Normalerweise müssen die Segler 15 bis 24 die Vorfahrt achten. Wenn aber der Starter mit der niedrigeren Nummer seinen Wagen zurückzieht, macht er deutlich, dass er hinter den anderen vorbeifahren will. Die Segler mit den höheren Startnummern können natürlich auch auf dem anderen Bug starten. Das bedeutet, in einer Reihe kann ein Teil der Segler nach rechts und der andere Teil nach links starten. Nach der ersten Wende auf der Startkreuz gilt dann die Vorfahrtsregel rechts vor links, wie in den Grundregeln beschrieben. Sehr häufig ist nach der ersten Wende eine Unart zu beobachten. Die meisten Segler sind nach links gestartet, einzelne nach rechts. Nach der Wende kommen nun die einzelnen Segler für die Hauptgruppe von rechts. Dies ist für den einzelnen »Vorfahrtsberechtigten« eine äußerst unangenehme Situation. Eigentlich soll er seinen Kurs beibehalten. Tut er das jedoch, wird es wahrscheinlich zum Crash kommen. Wendet er, wird er durch den Verlust an Geschwindigkeit von der Hauptgruppe abgedeckt und überholt. Am Beginn eines Rennens sollte man also rechtzeitig solchen Gruppen ausweichen und nicht auf seiner Vorfahrt beharren.

Nach der ersten Kreuz hat sich das Feld entzerrt und solche Situationen treten kaum noch auf.

Die Wendemarke mit O-Zone (orangene Zone)

Das Ende der Startkreuz oder des ersten Halbwindkurses wird durch eine Wendemarke begrenzt. In der folgenden Abbildung ist eine solche Ausflaggung dargestellt. Vor der eigentlichen Wendemarke sind Fahnenreihen ausgesteckt. Diese Fahnen begrenzen die sogenannte orangene Zone. Der Segler, der zuerst in diese Zone einfährt, hat Vorfahrt. Es gilt das Erreichen der Zone mit dem Vorderrad.

Das Überholen darf nur außen herum erfolgen und ohne Behinderung. Dies kann innerhalb der Zone erfolgen, wenn diese groß genug abgesteckt ist.

Ein Einfahren in die O-Zone von der Seite oder von oben ist nur ohne Behinderung der Segler zulässig, die korrekt in die O-Zone eingefahren sind. Ist dies

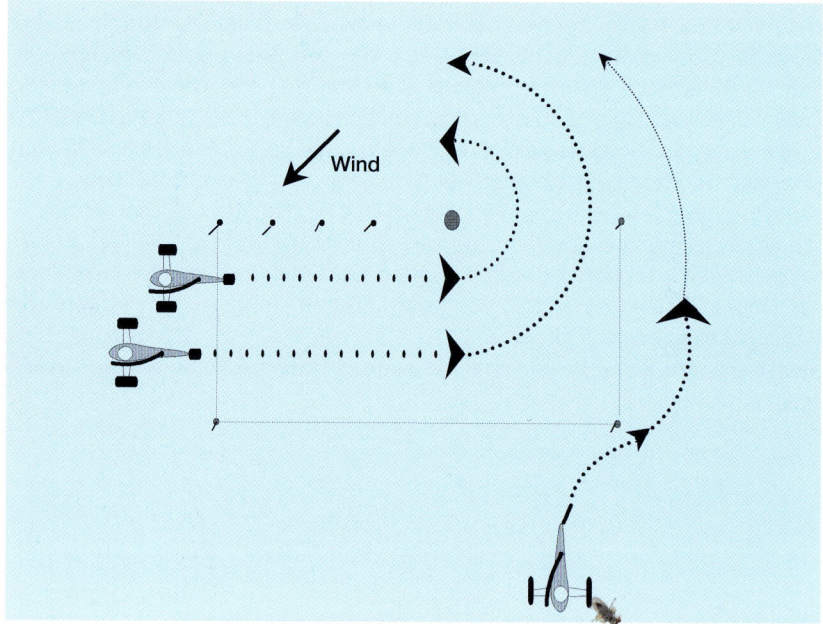

nicht möglich, muss die Wendemarke außerhalb der O-Zone gerundet werden. Auch dabei muss außen überholt werden.

Die in der Abbildung dargestellte Situation stellt den einfacheren Fall dar.

Ist aber der äußere Segelwagen zuerst in der O-Zone, hat dieser Pilot Vorfahrt und der andere Segler muss sich einreihen. In der folgenden Abbildung ist diese Situation dargestellt. Da an einem Segelwagen nur eine Kratzbremse zur Verfügung steht, kann man sich unschwer die ernsten Schwierigkeiten vorstellen, in die sich ein Pilot begibt, der kurz vor der Wendemarke noch innen überholen will.

Ein besonnener Segler (Nr. 1) wird seine Fahrt vor der Wendemarke verzögern, um das Manöver um die Wendemarke kontrolliert zu fahren. Dies ist dann für einen unerfahrenen Segler (Nr. 2) das Signal, in Luv und innen den Konkurren-

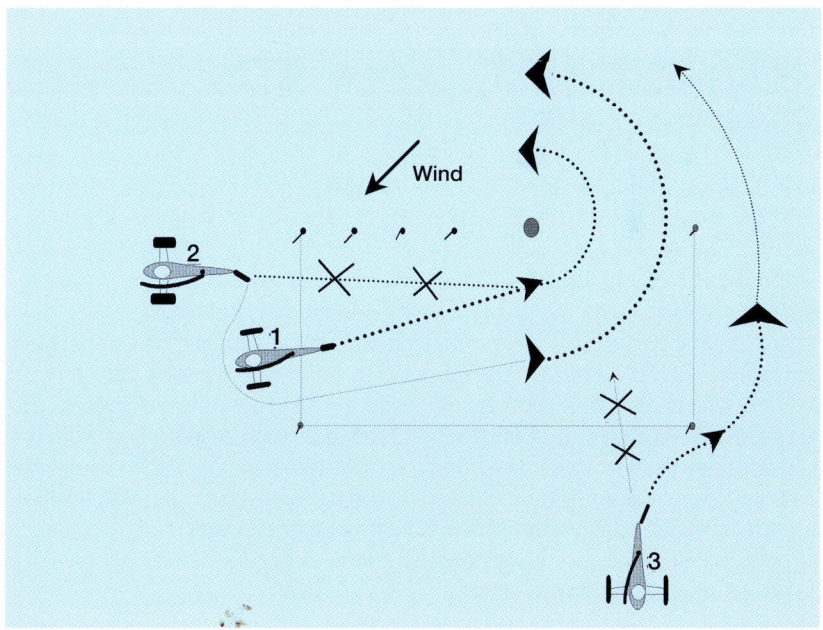

ten zu überholen. Falls der Vorfahrtberechtigte dann auch noch ausweicht, um eine Berührung zu vermeiden, kann es zu chaotischen Situationen kommen. Der innen Überholende ist zu schnell, wird nach außen getragen und drückt den eigentlich Vorfahrtberechtigten ebenfalls nach außen in weitere Mitsegler hinein. Es ist also angeraten, vor einer Wendemarke nur zu überholen, wenn man den Überholvorgang vor der O-Zone beenden kann.

Das seitliche Einfahren (durchgekreuzter Kurs) des Seglers 3 ist ein beliebtes Fehlverhalten, in dem Glauben, er komme ja von rechts. Es ist jedoch nur dann erlaubt, wenn kein anderer Segler, der korrekt in die O-Zone eingefahren ist, behindert wird.

Falls man, auf Grund von weichem Sand oder zu wenig Wind, den Segelwagen vor der O-Zone anschieben muss, gelten selbstverständlich die gleichen Vorfahrtsregeln.

Ein häufig beobachtetes Manöver ist das seitliche Einschieben in die O-Zone, direkt auf die Wendemarke zu. Es mag ja ein verständliches Anliegen sein, zu Fuß den kürzesten Weg zu wählen, stellt aber eine fahrlässige Behinderung der korrekt um die Wendemarke segelnden Mitsegler dar und gefährdet die eigene Sicherheit.

Häufig wird auch nicht bedacht, dass durch das Verlassen der O-Zone, bevor man die Bahnmarke gerundet hat, die Vorfahrt verloren geht. Das Vorfahrtsrecht der sich in der Zone befindlichen Segler muss dann wieder beachtet werden.

Grundsätzlich sollte man sich auch beim Runden einer Bahnmarke so verhalten, dass man seine Mitsegler nicht unnötig behindert. Bei einer Regatta geht es nun einmal darum den Kurs möglichst schnell abzusegeln. Neueinsteiger und Segler, deren Geschwindigkeit deutlich unter dem Niveau der anderen Wettfahrtteilnehmer liegt, sollten die anderen nicht unnötig behindern. Ein langsamer Segler kann durchaus eine Gefährdung darstellen, auch wenn es ihm nicht bewusst ist. Wenn dann noch unerwartete Manöver folgen wird er für die Mitstreiter zu einer Gefahr. Ein Segler, der bemerkt, dass sein Segelwagen ausrollt, weil sein Segel nicht mehr richtig angeströmt wird, handelt ausgesprochen unsportlich, wenn er trotzdem in die O-Zone einfährt, um dann an der Wendemarke stehenzubleiben.

Die Wendemarke ohne O-Zone

Setzt die O-Zone die Regel rechts vor links außer Kraft, so gibt es auch Wendemarken ohne O-Zone. Hier gilt beim Umrunden wieder rechts vor links.
Die folgende Abbildung stellt die gleiche Situation wie zuvor dar, jedoch ohne O-Zone. Für die Segler 1 und 2 bedeutet dies, der Segler 3 hat Vorfahrt. Die Kurslinie der Segler 1 und 2 muss hinter dem Segler 3 vorbeilaufen. Vom Segler 2 ist noch zusätzlich das Vorfahrtsrecht des Seglers 1 zu beachten, da dieser für den Segler 2 von rechts kommt. Für die Segler 1 und 3 ändert sich durch den Wegfall der O-Zone die Vorfahrtsberechtigung.
Der Regattasegler sollte bei dem vor jeder Wettfahrt stattfindenden Briefing die Gelegenheit nutzen und eventuelle Unklarheiten bezüglich der Wendemarken und der anzuwendenden Regeln klären.

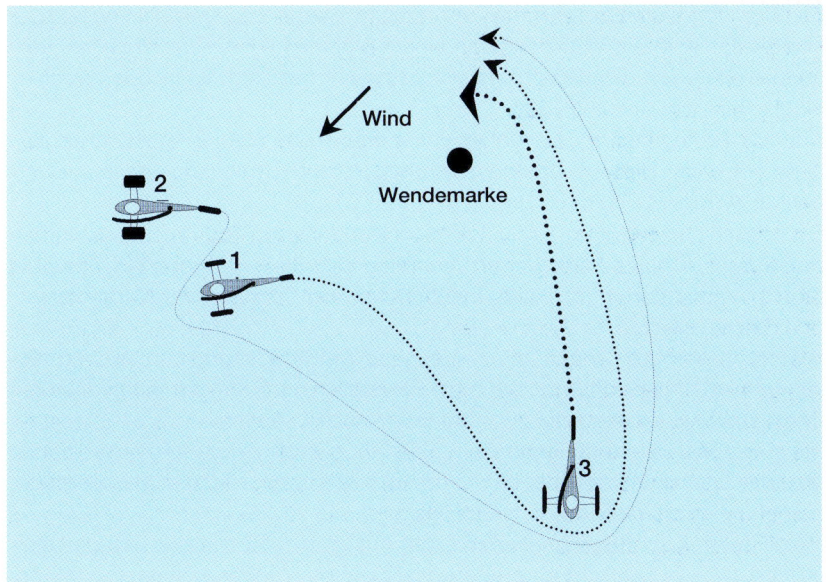

Ahndung von Regelverstößen

Grundsätzlich wird, bis auf wenige Ausnahmen, bei einem Regelverstoß ohne einen formellen Protest bei der Wettfahrtleitung nichts geschehen. Das bedeutet, wo kein Kläger ist, ist auch kein Richter. Ein Wettfahrtteilnehmer, der sich durch einen anderen Wettfahrtteilnehmer behindert oder um seine Vorfahrt gebracht sieht, muss protestieren. Der Protest muss schriftlich geschehen auf einem Protestformular, welches innerhalb einer vorher festgelegten Zeit bei der Rennleitung abgegeben werden muss. Dieser Protest ist kostenpflichtig.
Bei einem gewonnenen Protest erhält man das Geld allerdings zurück.
Die Regularien für einen Protest sind bewusst so gehalten, dass möglichst niemand (ohne Grund) protestiert. Allerdings sollte dies niemanden abhalten, sich bei entsprechenden Regelverstößen einen Zeugen zu suchen. Dieser ist erforderlich, um einen Protest einzureichen. Dies ist gerade für Neueinsteiger wichtig, denn wie überall im Leben gibt es auch hier eine Hackordnung, und es ist wichtig, sich gleich am Anfang den nötigen Respekt zu verschaffen. Dieser eingereichte Protest wird dann von einem unabhängigen Schiedsgericht verhandelt. Wie sich dieses Schiedsgericht zusammensetzt, ist in den verschiedenen Satzungen festgelegt.
Nun zu den Ausnahmen, bei denen von außen in das Wettfahrtgeschehen eingegriffen wird. Dies geschieht durch sogenannte Tonnenrichter, die Strafpunkte verteilen können.
Die eigentliche Aufgabe eines Tonnenrichters ist es, das ordnungsgemäße Runden der Tonne zu registrieren. Daneben kann er jedoch noch Strafpunkte für regelwidriges Runden oder Umfahren von der Tonnenmarkierung dienenden Fahnen erteilen.
Weitere Ausnahmen sind Eingriffe durch die Wettfahrtleitung und der Vermesser ins Wettfahrtgeschehen, die beim Feststellen von Unregelmäßigkeiten am Segelwagen eine Disqualifikation zur Folge haben können.
Alle diese Maßnahmen dienen dazu einen möglichst fairen Wettfahrtablauf zu gewährleisten. Dies ist leider nicht immer zu erreichen, wie man bei der ersten Teilnahme an einer Wettfahrt feststellen wird.
Mein Rat ist, sich möglichst aus direkten Auseinandersetzungen herauszuhalten und mit viel Umsicht gerade die Manöver an der Wendemarke zu fahren.

Mit einer überlegenen Wagengeschwindigkeit kann man etliche Meter auch mit weiten Bögen gutmachen, die andere im Kleinkrieg mit dem Gegner verlieren. Ich habe im Laufe der Zeit häufig feststellen können, dass gerade Wettkampfteilnehmer, die keine Geschwindigkeit mit ihrem Segelwagen erreichten, die anderen bewusst oder unbewusst behinderten. Diese Taktik mag zwar mal einige Plätze bringen, das richtige Erfolgserlebnis bringt sie jedoch nicht.

Wer auf den vorderen Plätzen fahren will, muss neben den seglerischen Fähigkeiten über einen Segelwagen verfügen, der auf keinen Fall langsamer ist als die der Konkurrenz. Dies gilt umso mehr für den Anfänger, für ihn ist es besonders wichtig auch Erfolgserlebnisse zu haben.

Das Rigg

Das Rigg, Segel mit Mast, ist der Motor des Segelwagens und sorgt mit Hilfe des Windes für die Fortbewegung. Die Auslegung von Segel und Mast der verschiedenen Segelwagenklassen ist sehr unterschiedlich. So muss die Materialfestigkeit des Segels den erreichbaren Geschwindigkeiten angepasst werden. Die Kräfte, die auf das Rigg einwirken, sind das Ergebnis aus dem wahren Wind und dem Fahrtwind, der der Geschwindigkeit des Segelwagens entspricht. Also je schneller ein Segelwagen in der Lage ist zu fahren, umso stärker muss das Rigg ausgelegt sein.

Wer einmal bei 40 km/h und bei 120 km/h die Hand aus dem Autofenster gehalten hat, kann sich vorstellen welche Kräfte auf ein Segel und den Mast einwirken, wenn der Segelwagen mit 100 km/h, vom Wind getrieben, am Strand entlang »jagt«.

Betrachten wir zuerst den Manta mit seinem recht einfachen Dreieckssegel. Dieses Segel mit wenig Profil und dem einfachen Schnitt hat auch entsprechend geringe Fahrleistungen. Es eignet sich jedoch gut für den Beginn, da es problemlos zu handhaben ist.

In einer Einheitsklasse, wie dem Manta oder dem Standart, gibt es keinen Spielraum für spezielle Segelschnitte.

Bei einer Wettfahrt in diesen Klassen spielt das auch keine Rolle, da alle Segler das gleiche Material haben. Die Festlegung, in Form einer Vermessungsvorschrift, lässt zwangsläufig auch die Fahrleistungen eines solchen Segelwagens auf niedrigem Niveau einfrieren. Dennoch sind die Segel in diesen beiden Einheitsklassen, entsprechend dem Entwicklungszeitpunkt, sehr unterschiedlich. Hat der Manta noch ein sehr einfaches Segel, so flossen beim Standart, bedingt durch das neuere Entstehungsdatum, viele Details ein, die der Yacht ein recht gutes Fahrleistungsniveau verleihen.

Beim Standart wird mit Kunststoffeinsätzen die Masttasche zu einem Profil geformt.

Das Trimmen dieser Segel stellt die einzige legale Möglichkeit dar, die Leistungsfähigkeit zu beeinflussen. Auf diesen Punkt wird im Anschluss an die

Kunststoffeinsätze zur Profilierung der Masttasche des Standart.

grundsätzliche Betrachtung der Segelformen eingegangen, da das Trimmen für alle Klassen gleichermaßen gilt.

In der Klasse 5, eine echte Spielwiese für Bastler, wird hochwertiges Segelmaterial mit profilierten Segellatten gefahren. Auch der Mast kann individuell angepasst werden. In dieser Klasse gibt es ständig Weiterentwicklungen, denn nur die Größe des Segels und die Mastlänge sind in den Bauvorschriften festgelegt. Durch diesen Freiraum sind die unterschiedlichsten Segel mit unterschiedlichen Eigenschaften entstanden.

Da man in dieser Klasse also die Qual der Wahl hat, hier eine Beschreibung der unterschiedlichen Fahrleistungen mit den verschiedenen Formen der Segel. Dies soll eine Hilfe sein, um für sich das optimale Segel zu finden. Die Masthöhe über dem Boden darf bei der Klasse 5 bis zu 5,50 m betragen, bei

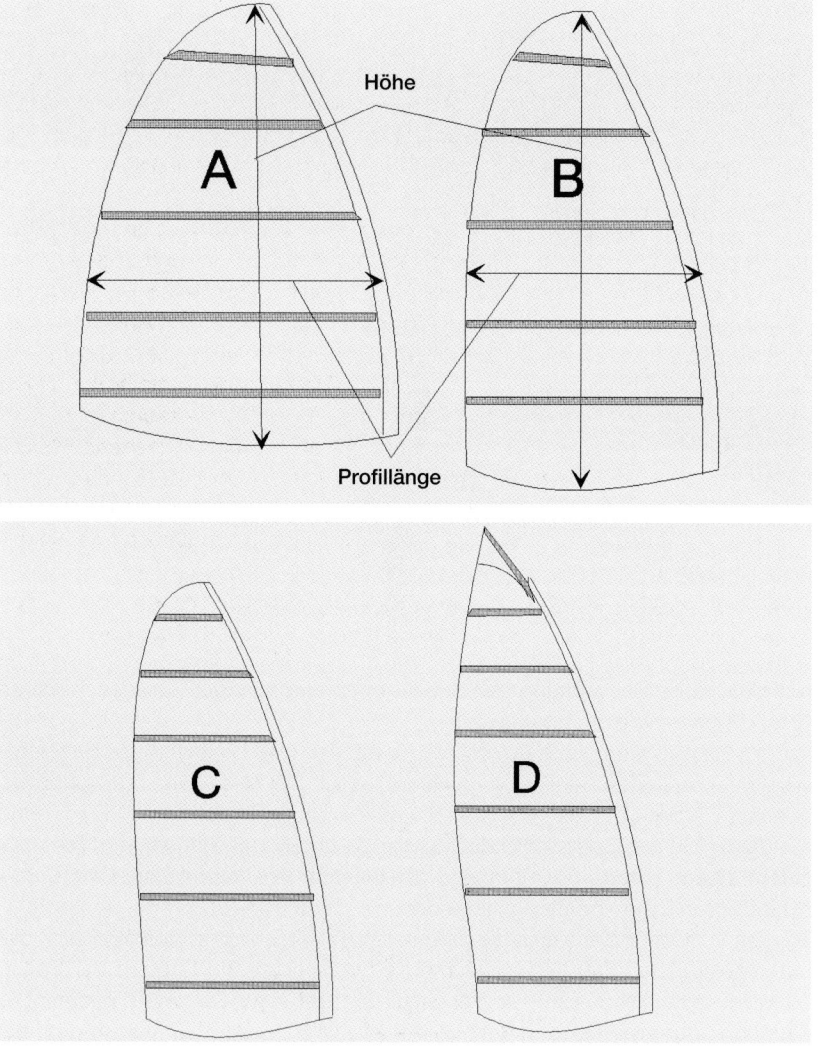

einer zulässigen Segelfläche von 5,50 m². Es ist ferner noch die Masttasche in ihrer Größe, »gefaltet 12 cm«, vorgegeben.

Das Segel A ist ein Segel mit gutem Anfahrverhalten aber geringer Höchstgeschwindigkeit. Das Segel B ist ein Kompromiss zwischen dem Segel A und C, es weist bei verringertem Anfahrmoment eine höhere Endgeschwindigkeit auf. Das Segel C ist ein Segel für hohe Geschwindigkeit bei geringem Anfahrmoment.

Eine besonders extreme Lösung stellt das Segel D dar. Es wird als Vektor-Segel bezeichnet und ist durch die über den Mast hinausreichende Segelfläche ein extrem schmales Segel. Diese Form ist zulässig, denn nur die Masthöhe ist laut Bauvorschrift festgelegt. Für alle Segel ist eine den äußeren Abmessungen (Profillänge und Höhe) entsprechende Profilierung (Profiltiefe) erforderlich.

Die Tendenz zu immer längeren, beim Segel höheren, und schmaleren Profilen ist auch bei Segelflugzeugen zu beobachten. Reine Rennmaschinen für Geschwindigkeitsrekorde haben denn auch segelflugzeugtragflächenähnliche, starre Tragflügel als Segel. Solche starren Profile haben den Nachteil, dass sehr hohe Anströmgeschwindigkeiten erforderlich sind, um den Segelwagen zu bewegen. Das bedeutet, dass das Anfahrverhalten schlecht ist. Im Extremfall muss angeschleppt werden.

Dieses verdeutlicht anschaulich die unterschiedlichen Leistungen der dargestellten Segel und es wird klar, dass jeder seinen persönlichen Kompromiss finden muss.

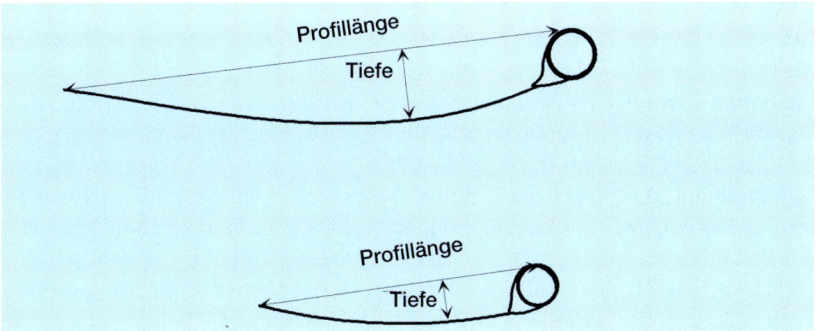

Diese verschiedenen Segelformen wird man auch bei Wettfahrten antreffen, denn ein Segler wird sich immer das Segel auswählen, mit dem er am besten zurechtkommt. So ist es für einen schwereren Piloten wichtig, den Wagen schnell auf Geschwindigkeit zu bekommen. Dies ist aber nur mit einem Segel möglich, welches ein ausreichendes Anfahrmoment bringt.

Ein Segler, der leicht ist, kommt für die Beschleunigung mit einem schmalen für hohe Geschwindigkeiten ausgelegten Segel gut zurecht.

Problematisch wird ein solches Segel jedoch bei mehr Wind, da die wirksame Segelfläche sehr weit oben liegt, also mit einem großen Hebelarm das Steigen des Segelwagens fördert. Dieses Steigen kann mit einem weicheren Mast, auf Kosten der Höchstgeschwindigkeit, gemildert werden.

Ebenso wie das Körpergewicht spielt bei einer Wettfahrt der Kurs eine wichtige Rolle. Bei einem langgezogenen Kurs mit wenigen Manövern ist die Endgeschwindigkeit des Segels der wichtigste Faktor. Ist der Rennkurs mit vielen Manövern verbunden, ist ein Segel mit guten Anfahreigenschaften von Vorteil. Jeder Segler muss also den für ihn persönlich zutreffenden Kompromiss finden. Zum Erlernen des Strandsegelns ist ein Segel mit geringer Höhe und langem Profil am günstigsten.

Die Kombination aus Mast und Segel

Neben der Segelform hat die Härte des Mastes einen erheblichen Einfluss auf die Fahrleistungen und das Verhalten des Segelwagens.

Fährt man einen weichen Mast, verhält sich der Segelwagen sehr komfortabel. Das heißt, er liegt sehr ruhig bei böigem Wind, die Kippgefahr ist gering. Voraussetzung für einen solchen Mast ist eine ausreichende Vorlieksrundung. Das bedeutet, das Segel muss an der Vorderseite sehr gewölbt geschnitten sein, entsprechend der Mastbiegung. Ist diese Rundung nicht vorhanden, bildet sich im Segel ein S-Schlag aus und ein großer Teil des Segels wird unwirksam. Dies führt zu einer starken Verminderung des Vortriebs, da die Strömung in dem Bereich der Gegenwölbung des Segels abreißt.

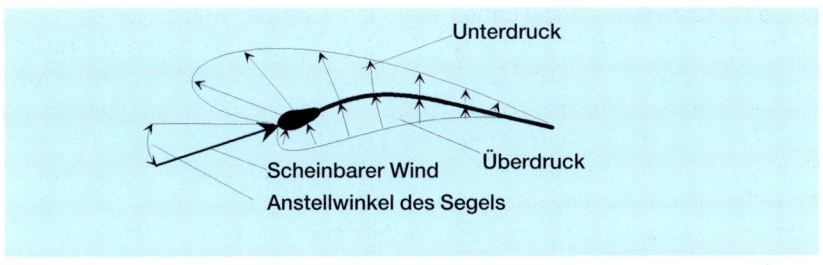

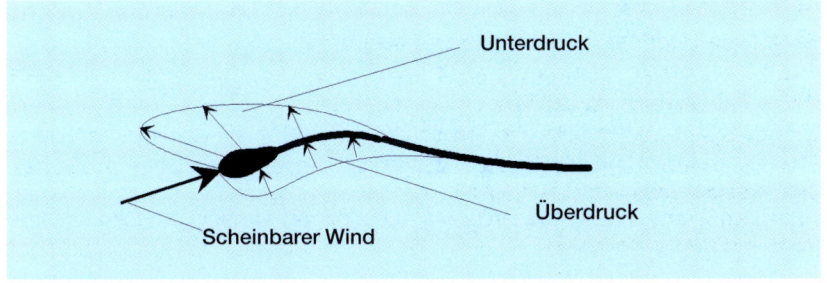

Die Abstimmung des Mastes ist also für den Segelmacher sehr wichtig. Nur wenn Segel und Mast aufeinander abgestimmt sind, wird der optimale Vortrieb erreicht.

Das serienmäßige Segel wird immer auf ein mittleres Körpergewicht abgestimmt sein. Auf Anforderung wird man vom Segelmacher eine Mastkurve vorgeschlagen bekommen, nach der dann der Mast angefertigt werden muss. Für jemand mit höherem Körpergewicht ist es durchaus möglich das Standardsegel zu fahren, da der erforderliche härtere Mast eine dem Gewicht entsprechende größere Profiltiefe ermöglicht. Wichtig ist, dass das Segel auf keinen Fall sein Profil verliert. Das durchgesetzte Segel muss immer noch gewölbt sein, wobei sich die maximale Tiefe des Profils im vorderen Drittel befinden sollte. Das Segel muss also neben der Vorlieksrundung auch noch Tuch für die Wölbung haben. Unterstützt wird die Profilierung durch die Segellatten. Benötigt werden mindestens zwei Satz Latten. Für starken Wind harte Latten,

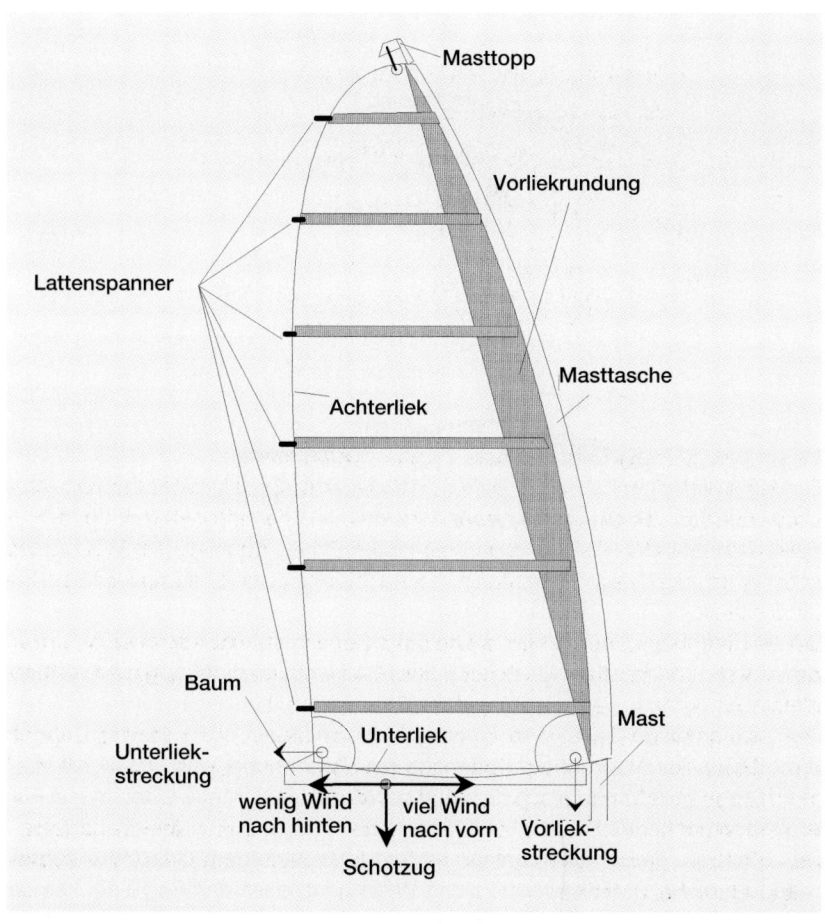

für leichten Wind weiche Latten, die im vorderen Bereich sehr dünn (biegsam) sein sollten.

In der Abbildung ist ein Segel mit losem Unterliek und Masttasche auf einem Rohrmast dargestellt.

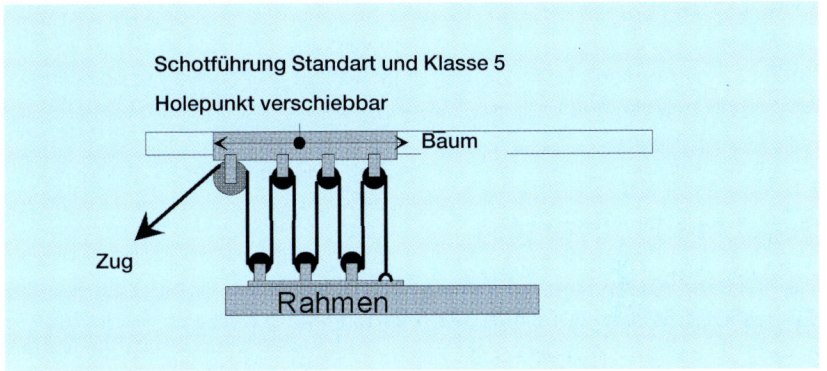

Es sind die üblichen Trimmeinrichtungen eingezeichnet.

Der **Unterliekstrecker** ist für die unterschiedliche Segeleinstellung vom Am-wind- auf den Vormwindkurs besonders wichtig. Hier empfiehlt sich eine He-belkonstruktion für die Verstellung mit festen Einstellpunkten. *Am Wind dicht, vorm Wind lose!* Diese Einrichtung muss auch unter starkem Zug leicht zu be-dienen sein.

Der **Vorliekstrecker** ist bei einem solchen Segel nicht unbedingt erforderlich, da die Schot bei richtiger Einstellung des Holepunktes diese Aufgabe mit über-nimmt. Es genügt, wenn das Segel am Baum fixiert ist.

Bei wenig Wind wird der Holepunkt möglichst weit achtern gefahren. Durch diese Einstellung kommt viel Spannung auf das Achterliek und das Vorliek ist lose. Ein solcher Trimm macht das Segel tiefer.

Bei viel Wind schiebt man den Holepunkt nach vorn. Diese Einstellung verrin-gert die Spannung des Achterliek, die Spannung am Vorliek erhöht sich. Das Segel ist flacher getrimmt.

Noch ein kurzer Tip zum Aufmessen eines zylindrischen Mastes für Segel mit Masttasche, bevor wir zum Profilmastrigg übergehen.

1. Mast im unteren Bereich entsprechend Mastkoker fest einspannen.
2. Mast mit ca. 10 kg am Topp belasten.
3. Eine Maurerschnur von Topp bis Mastfuß spannen.

4. Im Abstand von 50 cm den Abstand zwischen Schnur und Masten ausmessen.

Nach diesen Angaben kann der Segelmacher die Mastkurve bei der Vorliekrundung berücksichtigen.

Segel mit Profilmasten

Die Klassen 2 und 3 sind mit Profilmasten ausgerüstet, wobei auch hier die Vermessungsvorschriften einen größeren Spielraum belassen. Es ist also in diesen Klassen möglich, einen größeren Anteil der Segelfäche in den Profilmast eingehen zu lassen. Dass in der Klasse 2 und 3 trotz dieses Vermessungsspielraums die Segel und Masten fast alle identisch sind, ist sicherlich auf die Kosten und Probleme bei der Konstruktion eines Profilmastes zurückzuführen.

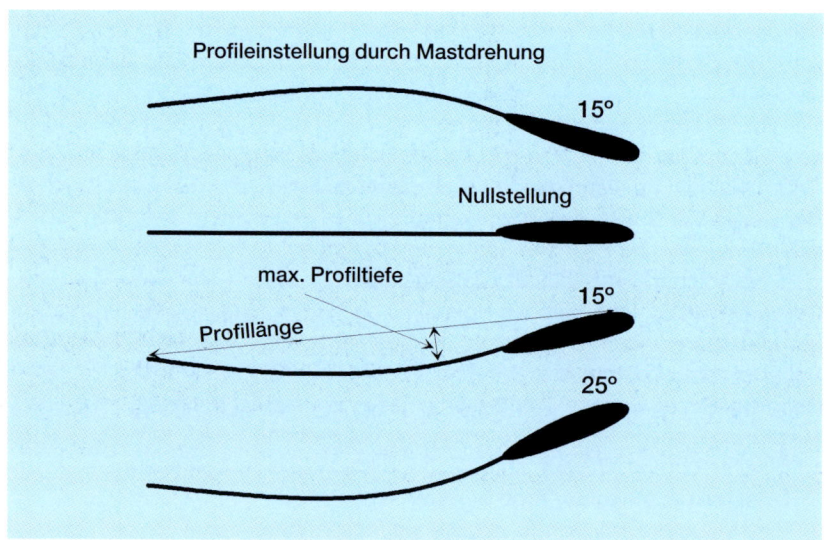

Vergleich zweier verschiedener Riggs. H 159 hat einen extrem kurzen Baum. Der Anteil der profilierten Mastfläche an der gesamten Segelfläche ist recht groß.

Hat man erst einmal ein Mastprofil mit der entsprechenden Länge, muss das Segel dem Mast angepasst werden. Hier ist jeder Segelmacher bemüht, den vorgegebenen Spielraum zu nutzen.

Grundsätzlich erbringen die unterschiedlichen Segelformen gleiche Leistungen wie in den kleineren Klassen. Jedoch mit dem Unterschied, dass ein Profilmast starr ist und keinen Einfluss auf die Profiltiefe durch Biegung hat.

Bei einem Profilmast wird durch Drehung die Tiefe im Segelprofil verändert.

Eine optimale Abstimmung der Segeltiefe wird mit einer Vorrichtung erreicht, die eine kontrollierte Drehung des Mastes ermöglicht. Sie wird zusätzlich durch die Lage des Drehpunktes beeinflusst. Der Biegeverlauf des Segels wird dabei im Wesentlichen durch die Segellattenform und deren Vorspannung bestimmt. Die maximale Profiltiefe sollte bei $1/3$ der Profillänge von vorn liegen.

Für weitere Veränderungen am Segelprofil müssen die üblichen Vorrichtungen wie Vorliekstrecker (Cunningham) und Unterliekstrecker eingesetzt werden.

Es gibt inzwischen auch die verschiedensten Segelschnitte was die Anordnung der Nähte der einzelnen Bahnen betrifft. Hiermit soll erreicht werden, dass das Segel unter zunehmendem Winddruck nicht immer tiefer wird, sondern sich sogar flach ziehen kann.

Die Kombination eines Profilmastes mit Segel bietet gegenüber einem Segel mit Masttasche an einem runden Mast ein höheres Geschwindigkeitspotential, da eine wesentlich größere Profiltreue gegeben ist.

In den letzten Jahren war nun auch in den Klassen 2 und 3 die Tendenz zu einem höheren Rigg zu beobachten. Das Problem ist bei einem schmalen hohen Segel, dass man einen neuen längeren Mast mit einem entsprechenden Profil benötigt. Die Herstellung eines neuen Profilmastes ist jedoch sehr aufwendig. Man benötigt eine neue Form, ohne sicher zu sein, ob sie auch zufriedenstellend ausfällt. Die Kosten für solche Einzelanfertigungen liegen sehr hoch. Die Entwicklung wird daher fast ausschließlich von den verschiedenen Segelwagenfirmen vorangetrieben. Es ist daher also nicht verwunderlich, dass die Segel der Klasse 2 und 3 schon einer Einheitsklasse sehr ähnlich sind. Neukonstruktionen in diesen Klassen haben gezeigt, welches Potential noch vorhanden ist.

Eine dieser Neukonstruktionen ist der Klasse-3-Segelwagen des Belgiers Ammeele, der neben einem modifiziertem Chassis auch einen längeren Mast mit hochgeschnittenem Segel aufweist. Die Fahrleistungen dieses Segelwagens wurden mit diesen Maßnahmen deutlich gesteigert, so dass die vorderen Plätze bei Wettfahrten nur noch mit dieser Konstruktion belegt wurden. Es ist zu erwarten, dass auch andere Hersteller neue längere Masten entwickeln.

Bei einer Wettfahrt ist ein häufiger Wechsel der Geschwindigkeit die Regel, da Manöver gefahren und Wendemarken gerundet werden müssen. Es ist daher für eine gute Platzierung nicht nur die absolute Höchstgeschwindigkeit entscheidend, sondern die gesamten Fahreigenschaften eines Segelwagens. Er muss auch bei hohen Geschwindigkeiten gut kontrollierbar bleiben. Das bedeutet, der Segelwagen darf bei böigem Wind nicht unkontrollierbar hin und her gebeutelt werden. Dieses Verhalten ist sehr stark von der Lage des Segeldruckpunktes zum Wagenschwerpunkt abhängig. Das Gewicht des Piloten und seine Lage haben natürlich auch darauf Einfluss.

Die Anordnung des Segels und der Trimm

Die Segelform hat durch die Anordnung auf dem Segelwagen einen erheblichen Einfluss auf die Lenkeigenschaften. Ein sehr weit vorn plaziertes Segel (Segeldruckpunkt) lässt den Wagen abfallen. Dies kann auf dem Vormwindkurs durchaus von Vorteil sein, da der Segelwagen allein in die Tiefe fährt, jedoch auf dem Amwindkurs ist ein solches Lenkverhalten nicht erwünscht.

Ein weit hinten plaziertes Segel veranlasst den Segelwagen zum Luven. Dies ist auf dem Amwindkurs von Vorteil, da der Segelwagen allein in den Wind dreht. Es bedeutet auf der Kreuz eine gute Kontrolle über den Segelwagen, verbunden mit optimaler Geschwindigkeit und Höhe. Diese Lage des Segeldruckpunkts wirkt sich jedoch auf den Vormwindkurs negativ aus.

Wie so häufig muss auch hier wieder der günstigste Kompromiss gefunden werden. Es darf also nicht eine Eigenschaft extrem überwiegen. Üblicherweise ist die Lage des Mastfußes auf dem Segelwagen fixiert, es bleibt meistens nur die Neigung des Segels zu verändern. Dies darf, laut Vermessung, aber nicht während des Segelns geschehen.

Die Entscheidung, wie der Mast einzustellen ist, muss also vor dem Rennen erfolgen. Während man das Segel normalerweise aufrichten kann und über den Schotzug Spannung auf das Achterliek bekommt, ist beim Legen des Mastes nach hinten häufig die Spannung auf dem Achterliek zu gering. In diesem Fall muss das Segel höher am Mast befestigt werden, es sei denn, es ist eine zweite höher gelegene Öse für die Achterliekbefestigung vorhanden.

Die Verstellung des Mastfalls, das ist die Neigung des Mastes, ist bei der Klasse 2 und 3 mit Hilfe des Vorstags und der Wanten möglich.

Bei der Klasse 5 gibt es bei einigen Typen eine Verstelleinrichtung im Mastkoker. Die Einheitsklassen haben keine solche Einrichtung.

Die Segelwagenklassen mit flexiblen Rohrmasten stellen sich auf den verschiedenen Kursen automatisch durch den Schotzug ein. Auf Amwindkurs wird durch das Dichtholen des Segels der Mast nach hinten gebogen, wodurch der Segeldruckpunkt nach hinten wandert. Das Segel wird sehr flach ge-

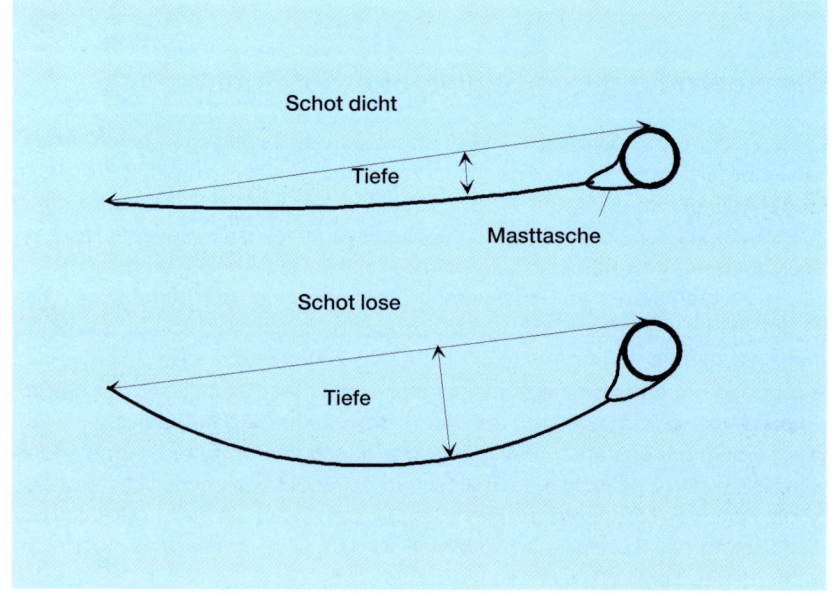

zogen. Bei den hohen Windgeschwindigkeiten, die auf diesem Kurs auftreten, bietet diese Profileinstellung genügend Vortrieb. Einen großen Einfluss hat hierbei auch die Härte des Mastes.

Der Vormwindkurs wird mit etwas gelockerter Schot gefahren, wodurch der Segeldruckpunkt, durch die geringere Mastbiegung, nach vorne wandert. Die Segelprofiltiefe nimmt zu. Diese Einstellung ist bei der geringeren Anströmgeschwindigkeit des Segels optimal, da das Maximum an Vortrieb für den Vormwindkurs benötigt wird.

Nimmt die Geschwindigkeit und damit auch die Anströmgeschwindigkeit zu, kann das Segel wieder dichter genommen werden.

Eine Grundeinstellung des Mastfalls, entsprechend den Windverhältnissen und dem Kurs, ist jedoch immer von Vorteil. In der folgenden Abbildung ist eine der in der Klasse 5 üblichen Mastverstelleinrichtungen beispielhaft dargestellt. Die Mastbiegung kann das für den Amwindkurs gewünschte Anluven und auf

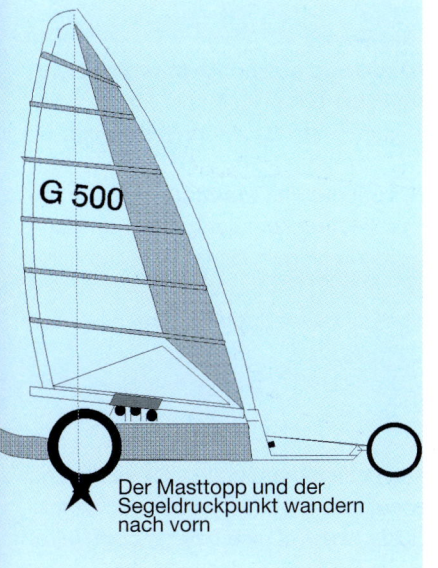

Der Masttopp und der Segeldruckpunkt wandern nach vorn

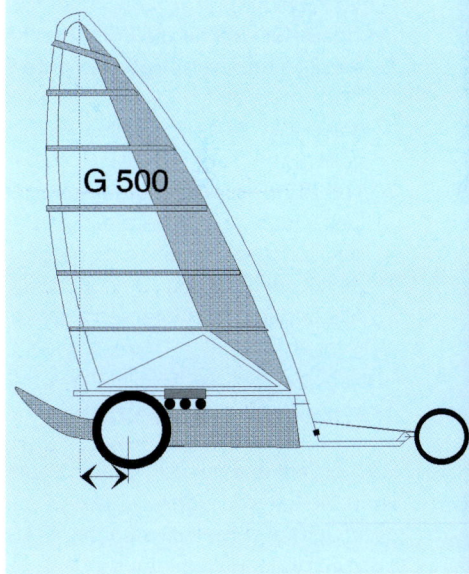

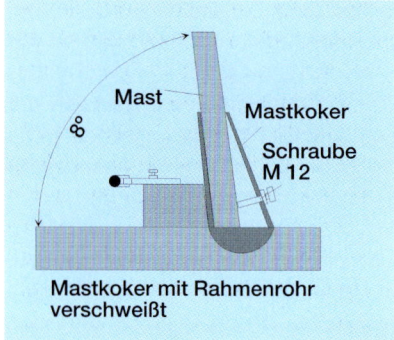

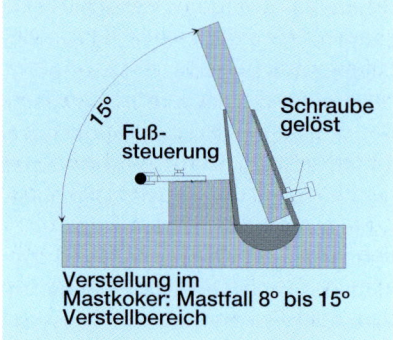

dem Vormwind mit lockerem Segel das gewünschte Abfallen ermöglichen. Die Voraussetzung hierfür ist allerdings eine nicht völlig daneben liegende Segelwagenkonstruktion.

Grundsätzlich gilt für die Form und Lage des Segels:

1. **Wenig Wind benötigt eine gute Profiltiefe und aufrechte Mastposition.**
   Dazu müssen Vorliekstrecker und Unterliekstrecker lose sein, der Schotholepunkt sollte möglichst weit hinten liegen, um das Achterliek dichtzuhalten.

2. **Viel Wind erfordert ein flaches Segelprofil mit viel Mastfall.**
   Dazu müssen Vorliekstrecker und Unterliekstrecker dichtgeholt werden, der Schotholepunkt sollte möglichst weit vorn liegen, damit sich das Achterliek leicht öffnet.

   Alle anderen Windstärken liegen zwischen diesen beiden Extremen.

Trimm- und Segelhilfen

Häufig sieht man an den Segeln Fäden an verschiedenen Stellen. Diese Fäden, auch Indikatoren genannt, helfen den Verlauf des Luftstromes an der Segeloberfläche sichtbar zu machen. Ein Verklicker, wie auf einem Segelboot, wird beim Strandsegeln selten benutzt.

Die Fäden im vorderen Bereich des Segels, zwei oder drei übereinander, immer paarweise auf der Lee- und Luvseite angeordnet, helfen zu erkennen, ob der Luftstrom anliegt und der erwünschte Überdruck auf der Luvseite beziehungsweise Unterdruck auf der Leeseite erzeugt wird (Abbildung auf Seite 78).

Der Faden auf der Luvseite wird nach dem Dichtholen des Segels in Strömungsrichtung zeigen, das heißt, er weht in Richtung des Profilverlaufes. Zeigt der Faden auf der Leeseite jedoch nach unten oder oben, ist das Segel für den Kurs zu dicht genommen. Es muss soweit geöffnet werden, bis auch der Faden auf der Leeseite anliegt und ebenfalls in Profilrichtung weist. Mit zunehmender Geschwindigkeit kann das Segel dann wieder dichter genommen werden. Beide Fäden sollten hierbei immer anliegen.

Der aus dem Wind zu gewinnende Vortrieb wird nicht optimal genutzt, wenn der Leefaden nicht anliegt. Nur der Staudruck treibt dann den Segelwagen an. Herrscht weniger Wind, wird dieser Vortrieb allein nicht reichen. Der Hauptanteil des Vortriebs wird durch den Unterdruck erzeugt. Es ist daher wichtig, dass immer der Leefaden anliegt. Beim Erreichen der Höchstgeschwindigkeit wird der Faden auf der Luvseite noch oben in Richtung Masttopp zeigen. Das bedeutet, der Vortrieb wird in diesem Fahrzustand nur vom Unterdruck auf der Leeseite erzeugt.

Wird der Fahrwiderstand wieder größer und nimmt die Geschwindigkeit ab, wird der Faden auf der Luvseite wieder in Profilrichtung zeigen. Besteht die Möglichkeit das Segel flacher zu trimmen, wird sich der Faden auf der Luvseite ebenfalls wieder anlegen und der Segelwagen wird schneller werden.

Ist der Fahrwiderstand des Segelwagens jedoch zu groß, wird diese Einstellung nicht den gewünschten Erfolg zeigen.

Die Fäden am Achterliek zeigen an, ob die Grobeinstellung des Segels stimmt. Die Fäden müssen in Profilrichtung zeigen. Weht der Faden nach Lee ist das Segel zu dicht. Es empfiehlt sich über das Achterliek verteilt bis zum Masttopp mehrere Fäden anzubringen. Hiermit kann bei dichtgeholtem Segel der richtige Stand des Achterlieks überprüft werden. Weisen im unteren Bereich des Segels die Fäden in Profilrichtung, wehen aber die Fäden im oberen Bereich nach Lee aus, ist das Segel im oberen Bereich zu offen. Die Spannung auf das Achterliek muss erhöht werden, um das Segel auch oben dicht nehmen zu können.

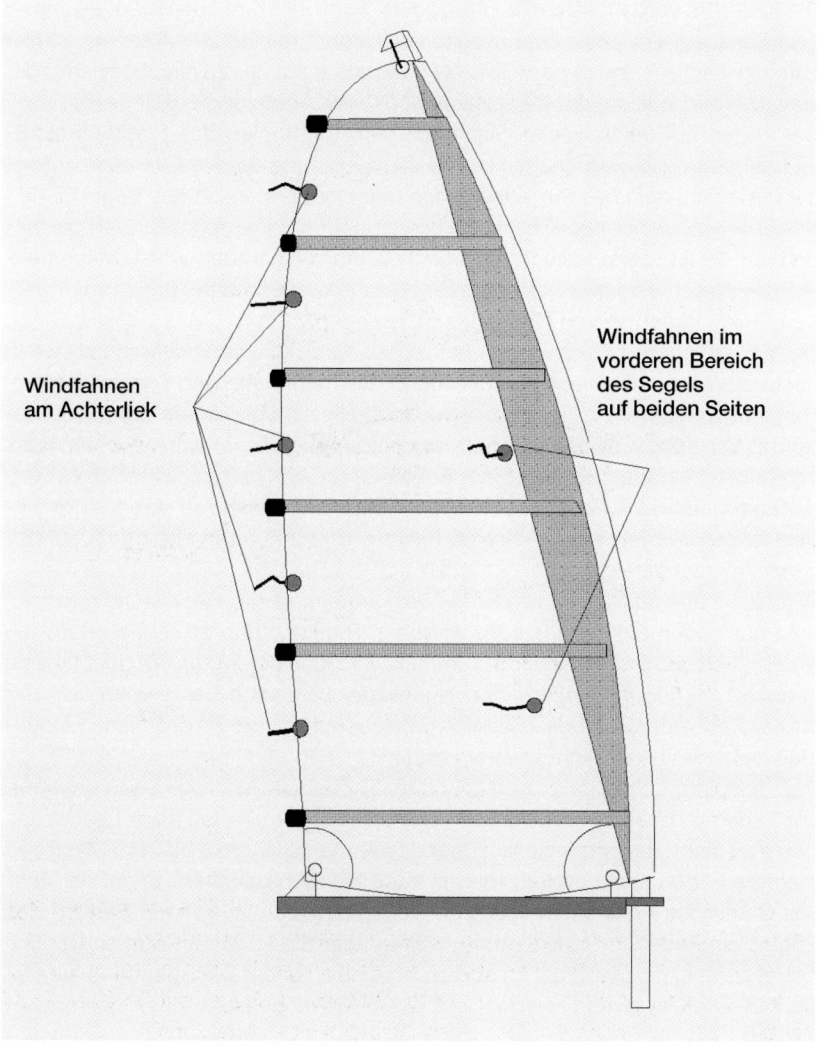

Windfahnen
am Achterliek

Windfahnen im
vorderen Bereich
des Segels
auf beiden Seiten

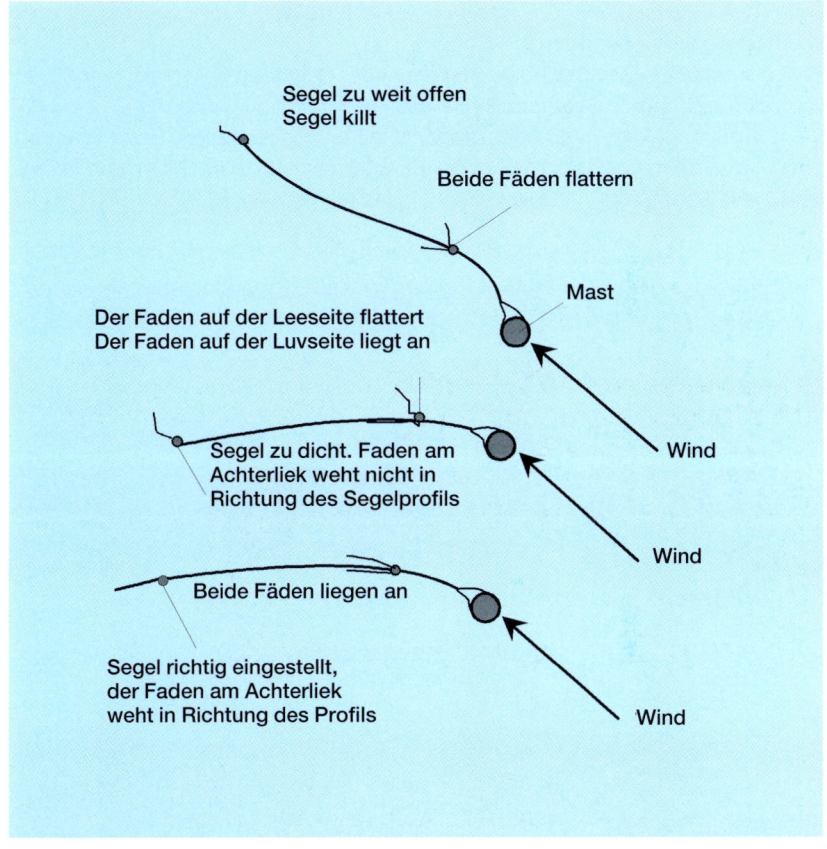

Segel zu weit offen
Segel killt

Beide Fäden flattern

Mast

Der Faden auf der Leeseite flattert
Der Faden auf der Luvseite liegt an

Segel zu dicht. Faden am
Achterliek weht nicht in
Richtung des Segelprofils

Wind

Wind

Beide Fäden liegen an

Segel richtig eingestellt,
der Faden am Achterliek
weht in Richtung des Profils

Wind

Diese Fäden im Segel sind für den Anfänger als Hilfsmittel besonders wichtig, um das Segel bei wenig Wind optimal einzustellen und zu nutzen.

Grundsätzlich kann gesagt werden, dass ein geringer Fahrwiderstand, also ein geringes Pilotengewicht und ein harter Strand, ein Segel mit flachem Profil benötigt um die maximale Höchstgeschwindigkeit zu erreichen.

Ein höherer Fahrwiderstand, also hohes Pilotengewicht und weicher Strand, benötigt ein tiefes Segelprofil.

Deshalb sollte bei Geschwindigkeitsverlust der Schotzug gelockert werden, so dass sich ein tieferes Segelprofil einstellt.

Beim Profilmast kann dies über die Mastdrehung geschehen. Beim Standart drehen sich beim Lösen der Schot die Kunststoffeinsätze nach Lee und vertiefen so das Segelprofil.

Der Einfluss der Segelwagengeometrie

Die Segelwagengeometrie und das daraus resultierende Eigenlenkverhalten haben natürlich Einfluss auf die Fahrleistungen. In der folgenden Abbildung ist das Fahrgestell einer Klasse-5-Landyacht dargestellt.

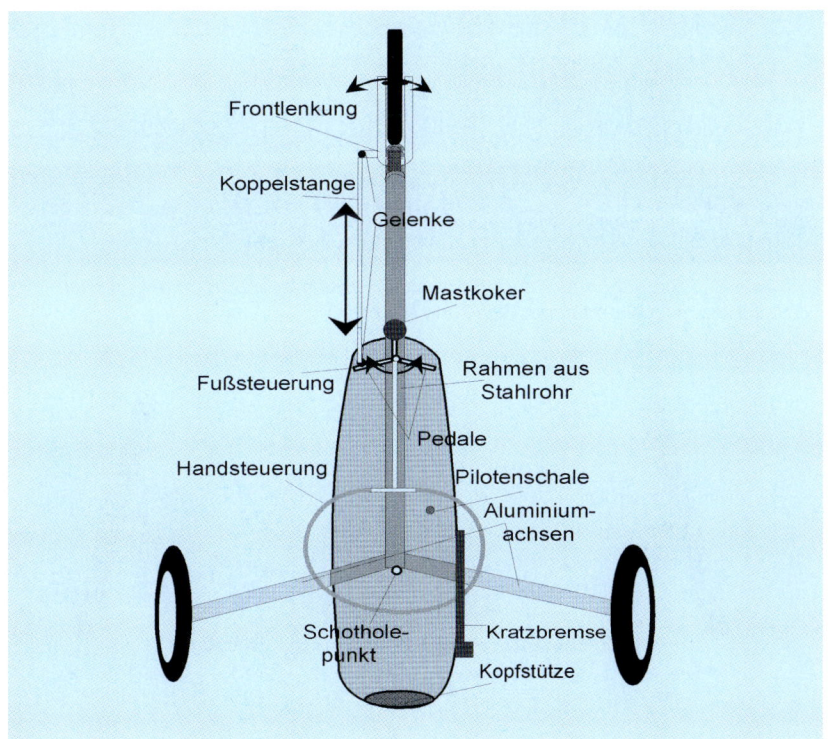

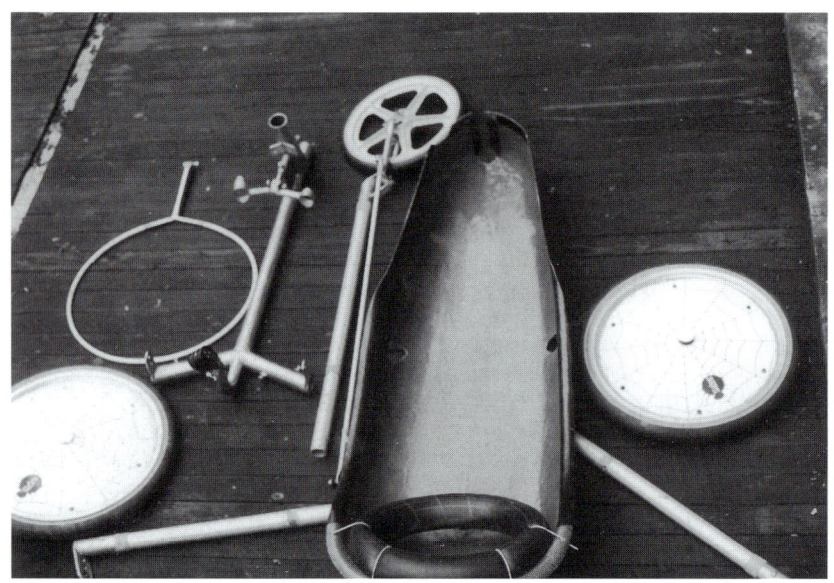

Ein Klasse-5-Segelwagen aus dem Baukasten. Einzelteile sind: Rahmen, Achsen und Fußsteuerung mit Koppelstange, Pinne und Räder.

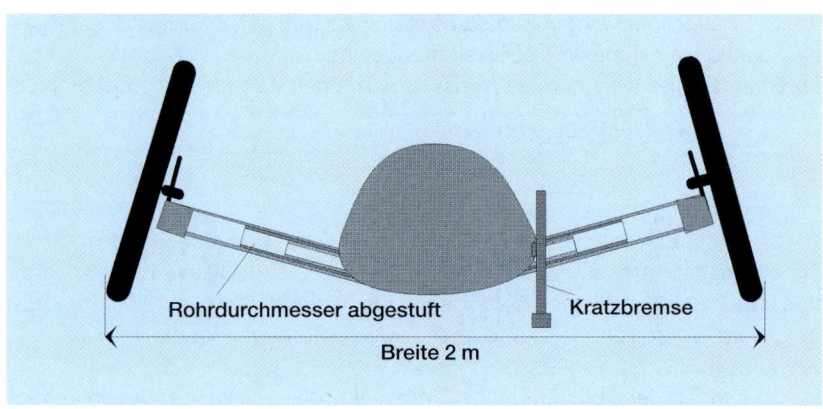

Rohrdurchmesser abgestuft   Kratzbremse

◄──────── Breite 2 m ────────►

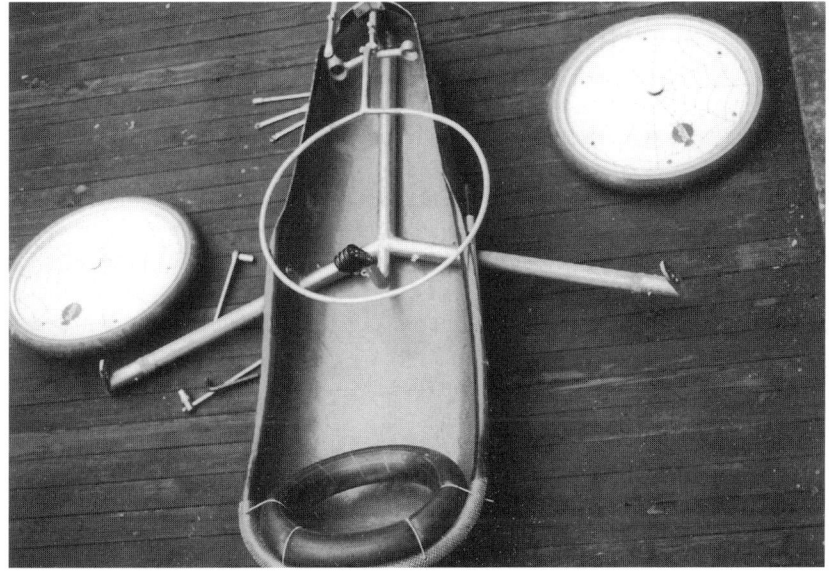

Hier, in dieser Baustufe, sind Rahmen, Achsen und Fußsteuerung mit Koppelstange und Pinne bereits montiert.

Dieser Strandseglerwagentyp bietet sich für die Darstellung besonders an, da alle Funktionselemente von oben sichtbar sind.

Ein Strandsegler wird normalerweise durch einen Aufschießer abgebremst. Um jedoch zum Stillstand zu kommen wird eine Kratzbremse benutzt. Diese Vorrichtung, bestehend aus einem drehbar gelagerten Hebel, wird durch Hochziehen in den Sand gedrückt. Eine derartige Bremse ist für alle Klassen vorgeschrieben.

Die Landyachten der anderen Klassen haben im Wesentlichen die gleichen Einrichtungen in entsprechend angepasster Form. Die Fußsteuerung über Pedale haben alle Segelwagen gemeinsam. Die Handsteuerung für den Startvorgang durch Anschieben ist entsprechend des Segelwagentyps unterschiedlich ausgeführt.

Es kann wie in der Abbildung eine Pinne sein oder wie bei Landyachten der

Klasse 3 ein Steuerknüppel mit einer Hebelübersetzung. Die Klasse 2 verfügt bei einigen Modellen noch über eine Lenkradsteuerung, die beim Anschieben und Segeln benutzt wird.

Die Fußsteuerung wird bei den Landyachten der Klasse 2 und 3, bedingt durch die geschlossene Bauweise, mit Drahtseilen auf das Vorderrad übertragen.

Die Hinterräder sind, wie aus der Abbildung ersichtlich, bei der Klasse 5 durch Aluminiumrohre mit dem Stahlrahmen verbunden. Die Aluminiumrohre sind die Federung des Segelwagens. Ihre Konstruktion (Rohrdurchmesser, Anzahl und Dicke) bestimmt die Härte der Federung und hat erheblichen Einfluss auf das Fahrverhalten.

Die Räder sind an seitlichen Flanschen höhenverstellbar befestigt. Bei vielen Typen ist auch die Neigung der Räder verstellbar. Bei wenig Wind werden die

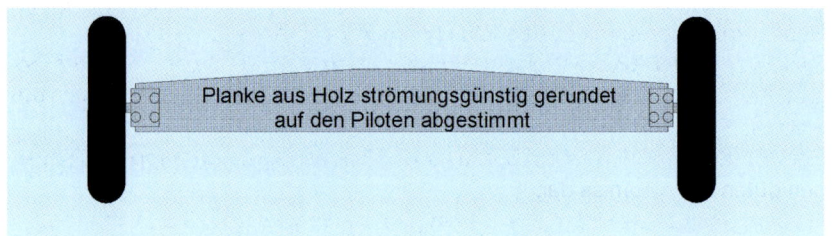

Planke aus Holz strömungsgünstig gerundet auf den Piloten abgestimmt

Räder aufrecht gefahren. Nimmt der Wind zu, ist es günstiger die Räder schräger zu stellen. Hier ist eine individuelle Anpassung üblich, da ein Pilot mit mehr Gewicht eine geringere Schrägstellung fahren wird als ein Leichtgewicht.

Bei den Klassen 2 und 3 sind die Räder mit einer Holzplanke verbunden, auf der der Rumpf ruht. Hier bestimmt die Art des Holzes und die Stärke beziehungsweise Profilierung den Grad der Federung. Die Federwege sind durch die große Spurbreite erheblich und machen diese Landyachten sehr komfortabel.

Eine Höhenverstellung der Räder ist bei den Klassen 2 und 3 nicht vorgesehen, da der Federweg ein Vielfaches einer solchen Verstellung ausmacht. Wie groß die Bodenfreiheit einer Klasse-2- oder -3-Landyacht ist, hängt von der Härte der Planke ab. Eine Verstelleinrichtung der Schrägstellung der Räder ist in diesen Klassen nicht vorhanden.

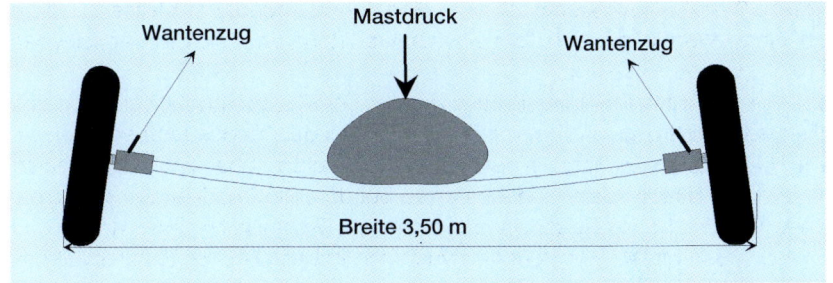

Der Winddruck übt durch die Mastverspannung über den Mastfuß eine Druck-kraft auf den Rumpf aus, wodurch die Durchbiegung der Planke und damit auch die Neigung der Räder erhöht wird. Die gewünschte Schrägstellung der Räder ergibt sich somit aus der Durchbiegung der Planke.

Segelwagen der Klasse 2 und 3 (Breite 3,60 bzw. 3,50 m) verhalten sich gegenüber dem Manta (Breite 1,63 m) und Klasse 5 (Breite 2 m) wesentlich kipp-stabiler.

Der Standart stellt mit seiner Breite von 2,50 m bezüglich der Kippstabilität einen guten Kompromiss dar.

Der von Seagull als Einheitsklasse eingeführte Segelwagen Standart, oft auch als Klasse 4 bezeichnet, hat die Pilotenschale wie eine Gondel unter dem Rahmen hängen. Solche Konstruktionen sind in der Klasse 5 aber auch zu finden.

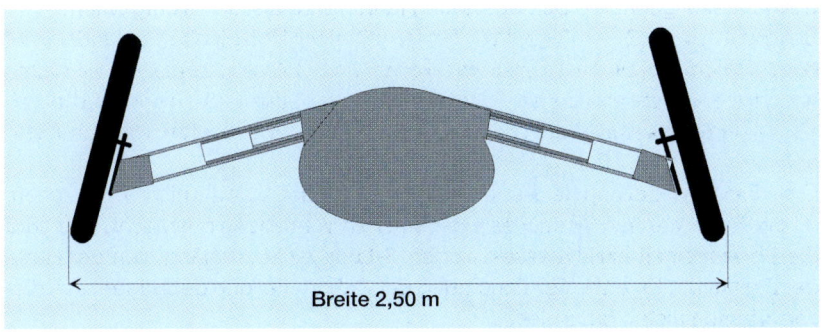

Die Lenkung

Bei den verschiedenen Typen von Strandsegelwagen sind auch die Vorderrad-steuerungen unterschiedlich ausgeführt.

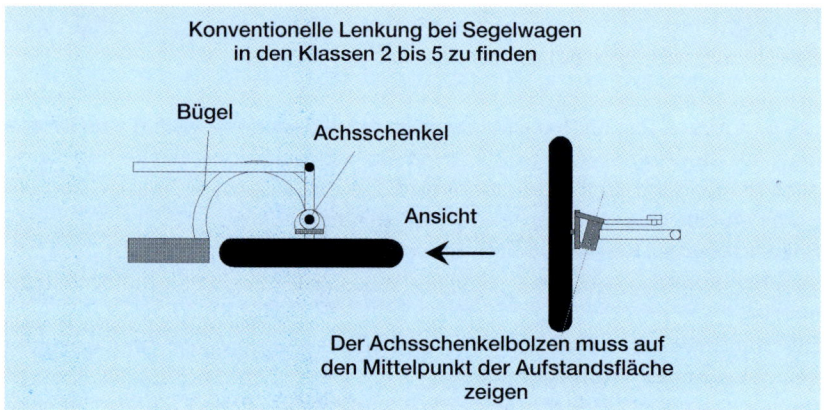

Konventionelle Lenkung bei Segelwagen
in den Klassen 2 bis 5 zu finden

Bügel

Achsschenkel

Ansicht

Der Achsschenkelbolzen muss auf
den Mittelpunkt der Aufstandsfläche
zeigen

Die früher übliche Achsschenkelaufhängung für das Vorderrad (wie beim Auto) ist fast vollständig durch Gabeln verdrängt worden.

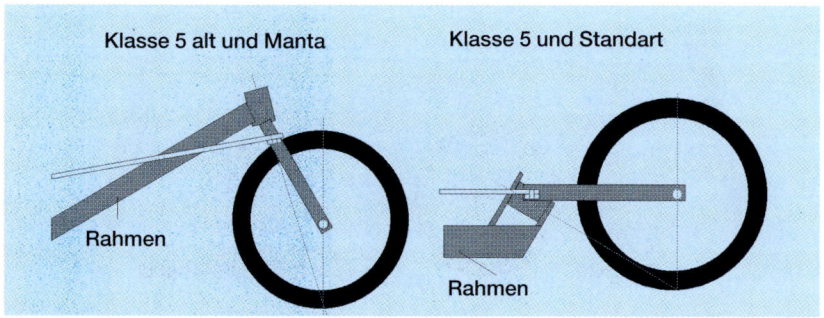

Klasse 5 alt und Manta

Klasse 5 und Standart

Rahmen

Rahmen

Die Tendenz zur liegenden Gabel ist bei den Regattaklassen zu beobachten. Das ist verständlich, denn sie ermöglicht eine bessere Abstimmung als die konventionelle Anordnung. Die liegende Gabel lässt auch einen hinter der Aufstandsfläche liegenden Drehpunkt der Lenkung zu. Für den Geradeauslauf sorgt bei einer liegenden Gabel das Gewicht das auf dem Vorderrad liegt. In der Klasse 3 ist das früher übliche Springboard verschwunden. Die liegende Gabel ist nun direkt federnd am Rumpf befestigt.

In der Klasse 5 wurde zuerst mit der liegenden Gabel experimentiert, es sind daher auch die verschiedensten Ausführungen zu finden.

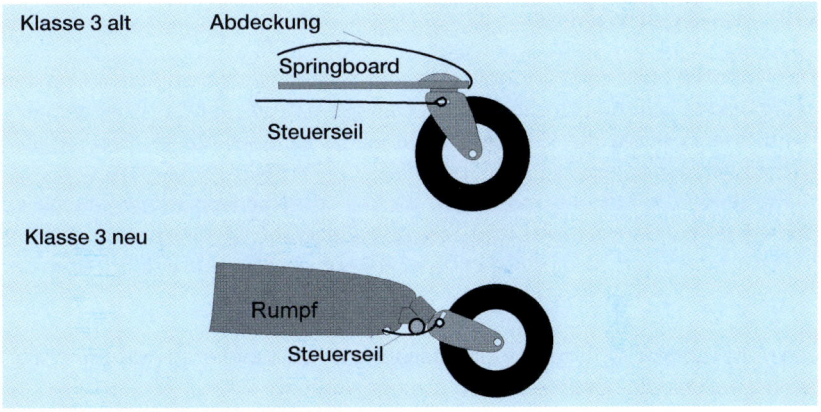

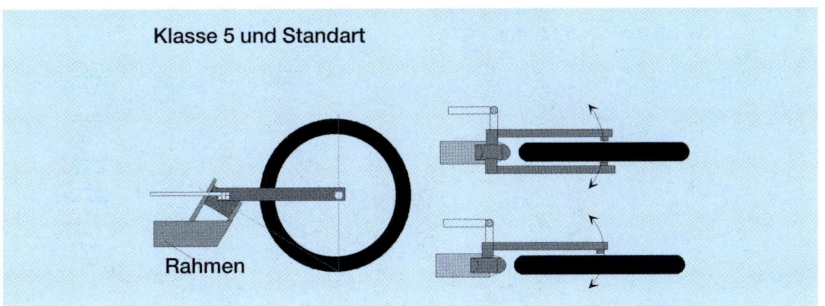

Der Manta und Klasse-5-Segelwagen älteren Baudatums sind mit einer normalen Gabel ausgerüstet. Segelwagen der Klasse 5 aus Frankreich, hergestellt von Seagull, hatten lange Zeit die Achsschenkelaufhängung für das Vorderrad. Mit dem Standart entwickelte Seagull eine einseitig ausgeführte liegende Gabel, diese kann für die Klasse-5-Segelwagen von Seagull ebenfalls verwendet werden.

Der Regattasegler sucht nach jeder Möglichkeit den Segelwagen schneller zu machen.

Die Lenkgeometrie

Das lenkbare Vorderrad kann abhängig von der geometrischen Anordnung des Drehpunktes zum Aufstandspunkt bei seitlichem Druck abfallen oder anluven, je nachdem auf welcher Seite vom Drehpunkt sich der Aufstandspunkt, der Mittelpunkt der Aufstandsfläche, befindet.

Bei anderen Fahrzeugen redet man hierbei von Nachlauf beziehungsweise Vorlauf, je nachdem wie die Lenkgeometrie ausgeführt ist. Ein Fahrrad, ein Motorrad oder ein Auto sind bezüglich der Lenkgeometrie so ausgeführt, dass der

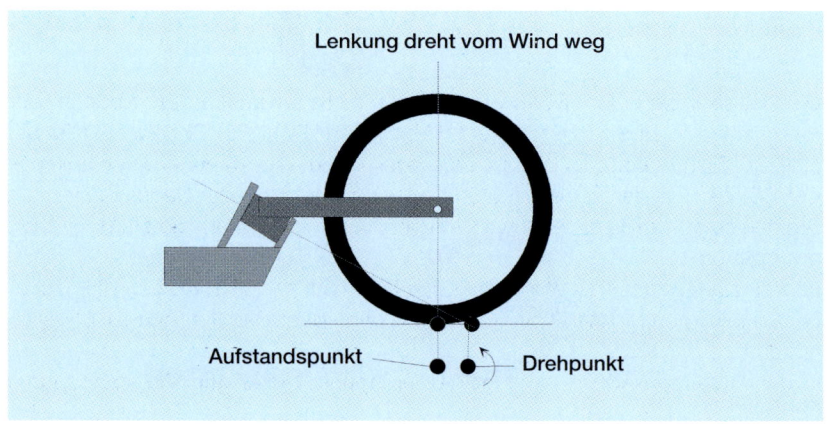

Lenkung dreht vom Wind weg

Aufstandspunkt — Drehpunkt

Aufstandspunkt (Mittelpunkt der Aufstandsfläche) des Vorderrades in Fahrtrichtung hinter dem Schnittpunkt der Drehachse mit dem Boden liegt, also Nachlauf hat. Bei dieser Einstellung werden die Räder gezogen und haben das Bestreben, sich selbst gerade in Fahrtrichtung zu stellen. Mit dieser Geometrie wird der Flatterneigung des Rades entgegengewirkt. Außerdem ergibt sich ein Rückstellmoment für die Lenkung. Dies sind gewollte Lenkeigenschaften.

Befindet sich der Aufstandspunkt des Rades hinter dem Drehpunkt (Nachlauf), fällt der Segelwagen bei Winddruck ab. Dieser Effekt wird beim Fahrrad, Motorrad und Auto als Seitenwindempfindlichkeit bezeichnet. Deutlich wird dies, wenn man seitlich gegen ein Fahrrad drückt und dabei die Lenkung beobachtet.

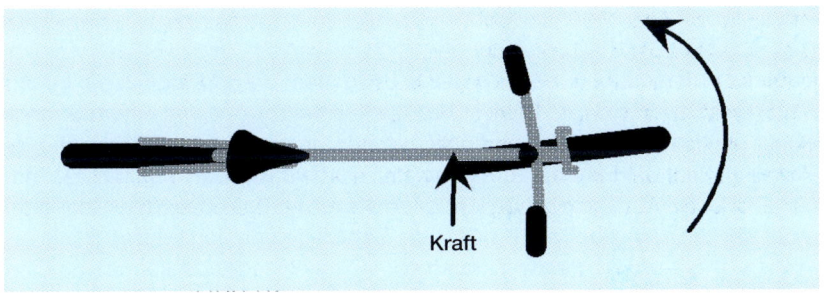

Kraft

Dies ist aber bei einem Strandsegelwagen nicht erwünscht. Er würde an der Kreuz ständig abfallen, das bedeutet Verlust an Höhe. Der Segelwagen ist mit einer solchen Auslegung zudem auch noch schlechter zu beherrschen. Bei jeder Bö, bei der der Wind ohnehin raumer einfällt und der Segelwagen zum Steigen neigt, würde die Lenkreaktion den Effekt verstärken und ein Umkippen provozieren.

Es muss daher das Bestreben sein, die Lenkreaktion umzudrehen, das heißt, der Segelwagen muss bei einer Bö luven ohne dass der Geradeauslauf verloren geht.

In der folgenden Abbildung liegt der Drehpunkt hinter dem Aufstandspunkt (Vorlauf).

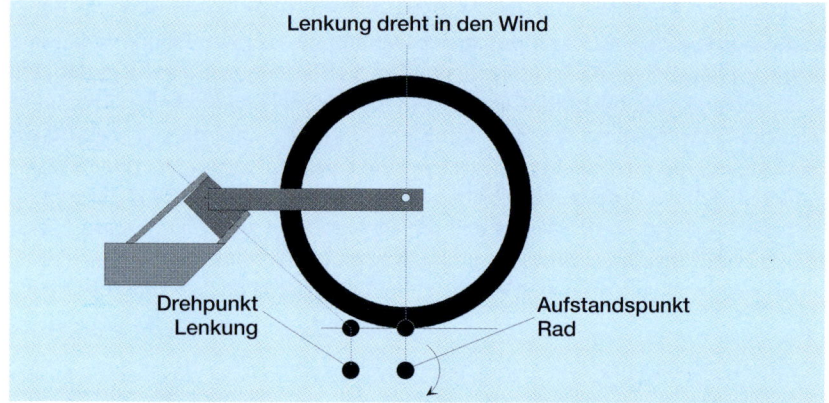

Liegt der Aufstandspunkt des Vorderrades vor dem Drehpunkt, luvt der Segelwagen bei Winddruck an. Dies ist das Lenkverhalten, das von einem Strandsegler gewünscht wird. Bei der üblichen Anordnung mit Achsschenkel oder Gabellenkung, wie Fahrrad oder Motorrad, würde diese Lenkung zum Flattern neigen. Durch die liegende Gabel aber wird erreicht, dass das Segelwagengewicht die Lenkung stabilisiert, indem die Gabellagerung den tiefsten Punkt erreicht, wenn das Rad gerade in Fahrtrichtung steht. Jeder Lenkeinschlag führt zum Anheben der Gabellagerung. Diese Lenkgeometrie hat außerdem noch den Vorteil, dass sich das Vorderrad beim Einlenken neigt.

Diese Eigenlenkverhalten kann der Pilot nur korrigieren, nicht verhindern.

Geht die Drehpunktachse mittig durch die Aufstandsfläche, wirken auf die Lenkung keine Kräfte. Das bedeutet, das Vorderrad läuft ohne spürbare Reaktionskraft geradeaus.

Dieser Idealzustand ist jedoch kaum zu erreichen, da mit jedem Einfedern des Wagens die Drehachse des Vorderrades nach vorn wandert. Hierdurch tritt eine unerwünschte Tendenz zum Abfallen ein. Um das zu vermeiden sollte der Drehpunkt im statisch belasteten Zustand immer hinter der Aufstandsfläche liegen. Durch diese Einstellung ist bei normaler Fahrt eine Tendenz zum Luven vorhanden, die sich bei starkem Einfedern in Richtung neutral verändert. So bleibt der Segelwagen gut kontrollierbar.

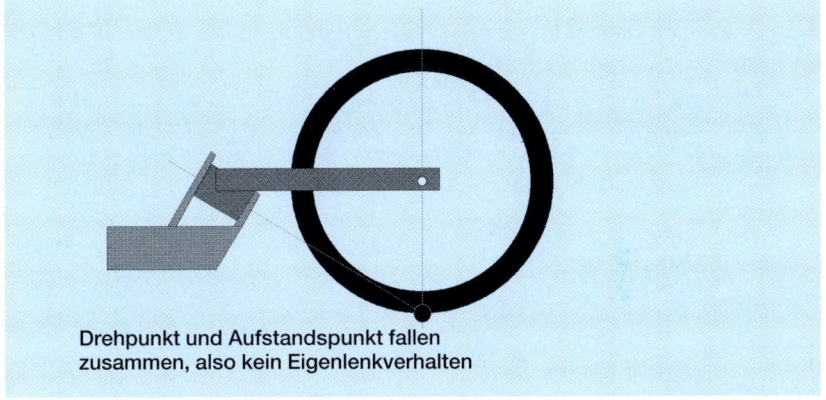

Drehpunkt und Aufstandspunkt fallen
zusammen, also kein Eigenlenkverhalten

Eine der wichtigsten Regeln beim Trimmen des Segelwagens ist, eine Tendenz in Richtung Luv zu erreichen, jedoch darf dieses Eigenlenkverhalten nie zu extrem werden.

Die Hinterachse lenkt mit

So wie das Vorderrad ein Eigenlenkverhalten hat, lenkt auch die Hinterachse mit. Dieser Effekt ist durchaus erwünscht, kann so doch das Fahrverhalten weiter optimiert und das Radieren der Hinterräder gemindert werden. Die erste Abbildung zeigt die Anordnung der Hinterräder in paralleler Einstellung. Diese Einstellung ist bei leichtem Wind zu empfehlen, wenn beide Hinterräder belastet sind. Das seitliche Wegdrücken der Hinterräder durch den Wind ist noch gering, so dass dies die günstigste Einstellung mit dem geringsten Rollwiderstand ist.

Nimmt der Wind zu, ist es besser die Spur leicht zu öffnen. Das bedeutet, die Hinterräder sind vorn weiter auseinander als hinten. In den Abbildungen sind die Einstellungen zur besseren Anschauung überzeichnet dargestellt. Das Öffnen der Spur sollte sich innerhalb von 1 cm Differenz zwischen dem Abstand vorn und hinten bewegen. Durch diese Einstellung lenkt die Hinterachse mit. Eine Einstellung der Spur von den Hinterrädern wie in der dritten Abbildung dargestellt ist nicht zu empfehlen.

Die Vorderseite der Räder ist dichter zusammen als die Hinterseite. Diese Einstellung bremst den Segelwagen. Sie kann nur bei einem Segelwagen ange-

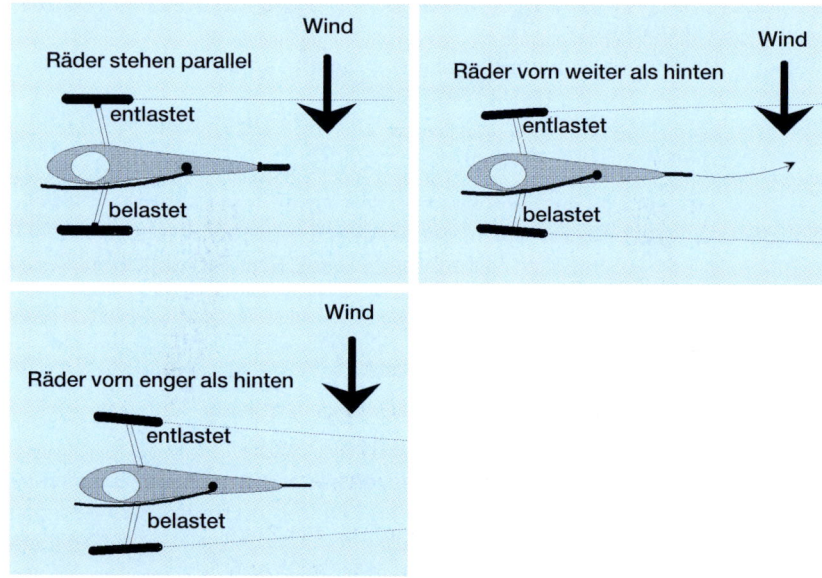

wendet werden, der bei paralleler Einstellung zu unruhig läuft und sollte nur kurzfristig als Abhilfe dienen.

Ein Segelwagen, der zum Schlingern neigt, ist meistens zu weich. Hier müssen Verstärkungen das Eigenleben der Radaufhängung verhindern, denn es ist gefährlich, einen nicht kontrollierbaren Segelwagen in einem größeren Teilnehmerfeld zu bewegen.

Die Einstellung der Spur

Diese Einstellung erfolgt üblicherweise durch Drehen der Achsen. Dreht man sie nach hinten öffnet sich die Spur, dreht man sie nach vorn schließt sich die Spur. Dieser Effekt wird durch die Schrägstellung der Räder erreicht.
Durch den seitlichen Winddruck wird das Hinterrad auf der Wind abgekehrten Seite (Lee) stärker belastet.
Das Rad, das dem Wind zugekehrt ist (Luv), wird entlastet.

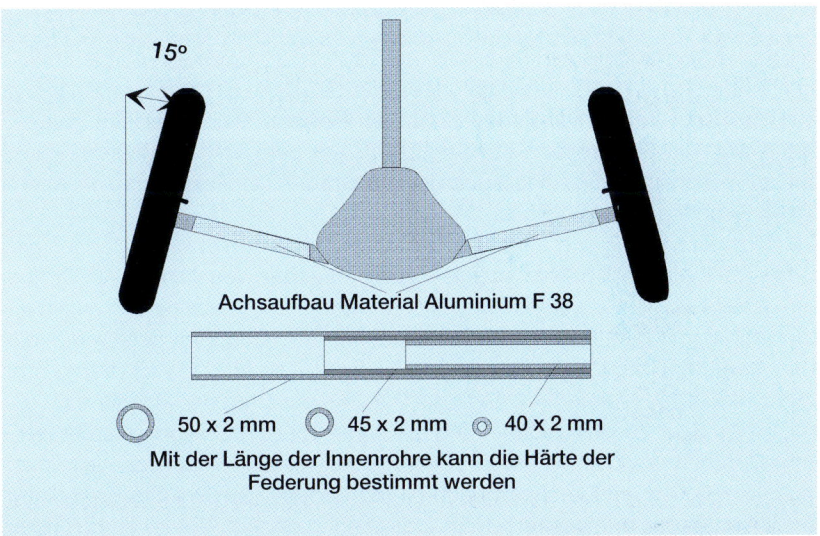

15°

Achsaufbau Material Aluminium F 38

50 x 2 mm   45 x 2 mm   40 x 2 mm
Mit der Länge der Innenrohre kann die Härte der Federung bestimmt werden

Das Luvrad hat also auf die Fahrtrichtung keinen Einfluss mehr. Die Fahrtrichtung wird nur noch durch das Leerad bestimmt. Da dies nach außen zeigt wird der Wagen anluven. Dieses Anluven geschieht nun aber ohne dass das Hinterrad quer durch den Sand radiert. Zumindest wird dies stark abgeschwächt und der Wagen wird nicht mehr so stark abgebremst. Wie weit man diese Einstel-

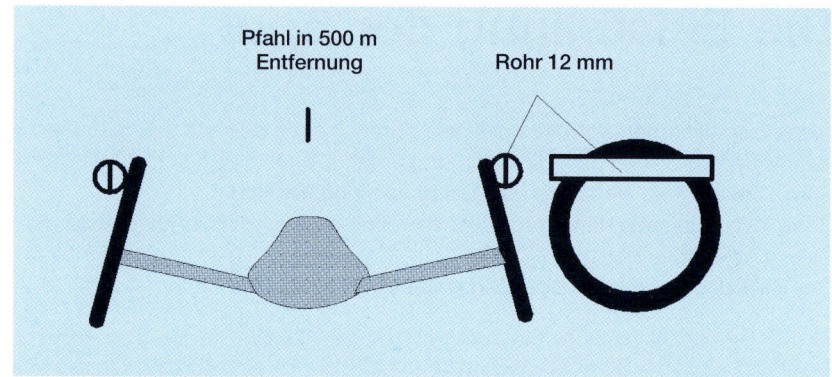

lung treiben kann, muss herausgefunden werden, denn es ist davon abhängig, wie weich der Segelwagen abgestimmt ist. Hat man einen weichen Wagen, öffnet sich die Spur unter Belastung allein. Auf dem Vormwindkurs kommt, durch die wechselseitige Belastung der Hinterräder, der Wagen ins Schlingern bis ein Dreher unvermeidlich ist.

Das Einstellen der Spur erfolgt am günstigsten mit einem etwa 1 m langen geraden Rohr von 12 mm Durchmesser. Man richtet den Segelwagen am Strand waagerecht in Richtung eines Pfahles oder einer anderen Markierung aus. Dies kann schon mit dem Rohr geschehen, indem man mittig über den Wagen die Markierung anpeilt. Dann legt man das Rohr seitlich an das rechte Rad und sucht wieder die Markierung. Geht die Peilung rechts an der Markierung vorbei, ist die Spur zu weit geöffnet und die Achse muss nach vorn gedreht werden. Dadurch wandert die Peilung nach links. Ist die Peilung zu weit links, muss die Achse entsprechend nach hinten gedreht werden. Die Einstellung des linken Rades erfolgt sinngemäß. Das Drehen der Achse wird durch Lösen der Klemmverbindung möglich. Die Klemmverbindung ist bei den verschiedenen Typen unterschiedlich ausgeführt. In der folgenden Abbildung ist die häufigste Lösung dargestellt.

Auch der Standart hat diese Art der Einstellmöglichkeit.

Sind die Räder ohne Neigung und mittig angebracht, so kann die Spur nicht so einfach eingestellt werden. Bei solchen Konstruktionen muss durch verbiegen

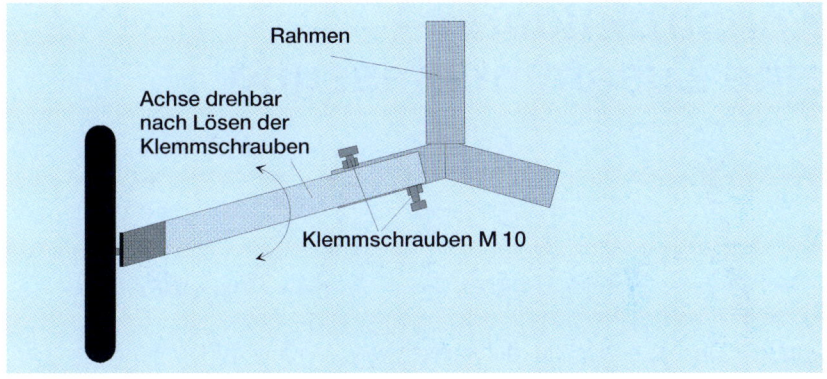

Rahmen

Achse drehbar
nach Lösen der
Klemmschrauben

Klemmschrauben M 10

der Rohre oder neu justieren der Radbefestigung die Spur wieder korrigiert werden. Die Einstellung sollte auch mit Last nachgeprüft werden.
Bei Strandseglern mit anderer Radaufhängung muss die dort vorgesehene Einstellmöglichkeit genutzt werden, wobei die Vermessung analog erfolgen kann.

Konstruktionen – eine Zusammenfassung

Über die Einheits- oder Standartklassen wie Manta und Standart kann nicht viel berichtet werden, da hier die Konstruktion festgelegt ist und keine Abweichungen möglich sind.

Die Klassen 2 und 3 sind mehr oder weniger auch untereinander identisch. Es gibt zwar hier und da mal eine neue Konstruktion, die aber bei Wettfahrten nicht auftauchen, da die Fahrleistungen meist nicht konkurrenzfähig sind.

Die einzige Klasse, in der die verschiedensten Chassiskonstruktionen gegeneinander fahren, ist die Klasse 5.

Hier sind sehr steife Rahmenkonstruktionen auf der Basis von Dreiecken ebenso vertreten wie geschweißte flexible Rahmen in unterschiedlichster Anordnung.

Welches nun wirklich das schnellste Chassis ist, kann noch nicht gesagt werden. Jede dieser Konstruktionen hat gewisse Vorteile gegenüber der anderen und es ist die Frage, welche Vorstellungen der Segler hat und mit welcher Konstruktion er am besten zurecht kommt.

Die serienmäßig gefertigten Modelle, sowohl aus England als auch aus Frankreich, vertrauen auf einen geschweißten Basisrahmen mit einer Kunststoffschale. Die Achsen und teilweise auch das Rohr zum Vorderrad sind abschraubbar. Diese Lösung hat den Vorteil, dass bei extremer Belastung mit Verbiegungen oder Achsenbrüchen diese Teile leicht ausgewechselt werden können, ohne dass der Segelwagen gleich »unbrauchbar« wird. Diese Lösung ist auch bezüglich Transport optimal, da zwei Segelwagen im zerlegten Zustand auf einen Dachgepäckträger passen.

Wo kann man Strandsegeln?

Eine der wichtigsten Fragen für jemanden, der mit dem Strandsegeln beginnen oder sich informieren will, ist natürlich: wo kann man diesen Sport ausüben?

Deutschland und Dänemark

Die deutschsprachigen Gebiete sind schnell aufgezählt, denn das Strandsegeln wird nur an den Strandabschnitten ausgeübt, wo durch Ebbe und Flut eine fast glatte, feste Piste entsteht.

Die Übersichtskarte auf der nächsten Seite zeigt die Gebiete in Deutschland und Dänemark. Die dänischen Clubs bestehen fast nur aus deutschen Mitgliedern.

Auf den Nordsee-Inseln Borkum, Juist und Norderney sind hauptsächlich die Klasse 5 und einige Mantasegler vertreten. Die drei Nordsee-Inseln und St. Peter-Ording sind daher auch die vier Austragungsorte der Deutschen Meisterschaftsläufe der Klasse 5. Jede der drei Nordsee-Inseln hat auch einen Strandsegelclub oder zumindest eine Strandsegelsparte in einem der dort ansässigen Segelclubs. Bei diesen Clubs kann man sich erkundigen, wie man einen deutschen Strandsegelschein erwerben kann.

Der Strandsegelclub in St. Peter-Ording – Anschrift: *Yachtclub St. Peter-Ording (YCSPO), Am Wäldchen 5 in 25826 St. Peter-Ording* – bietet jedes Jahr Unterricht und die Abnahmeprüfung zum Strandsegelschein an.

Gegenüber den Nordsee-Inseln, auf denen im Sommerhalbjahr das Strandsegeln bis 17.00 Uhr untersagt ist, darf in St. Peter-Ording das ganze Jahr, ohne Einschränkung, diese Sportart ausgeübt werden. Das Gebiet, auf dem in St. Peter gesegelt werden darf, ist natürlich beschränkt und zwar auf das Gelände vor dem Yachthafen zwischen den beiden Stegen und die äußere Sandbank.

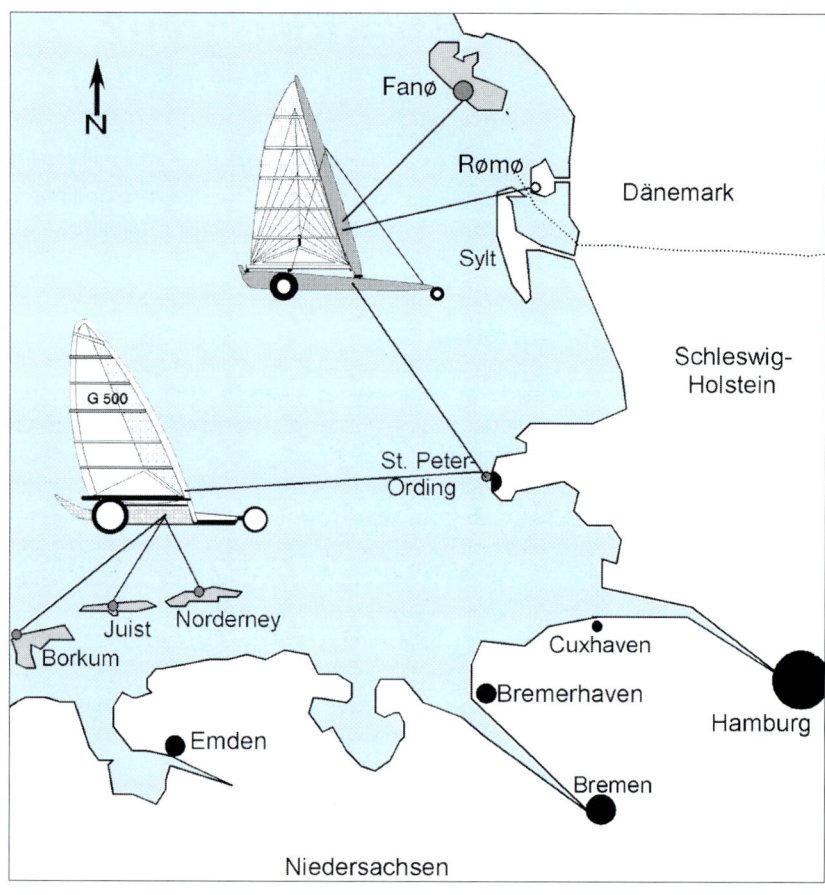

Die deutschen Segler der Klasse 3 sind fast ausschließlich in St. Peter-Ording beheimatet. So ist es verständlich, dass alle Wettfahrten zur Ermittlung des Ranglistenbesten und die Deutsche Meisterschaft der Klasse 3 in St. Peter-Ording stattfinden. Deutsche Meisterschaften in den anderen Klassen werden zur Zeit (aufgrund zu geringer Teilnehmerzahlen) nicht ausgetragen.

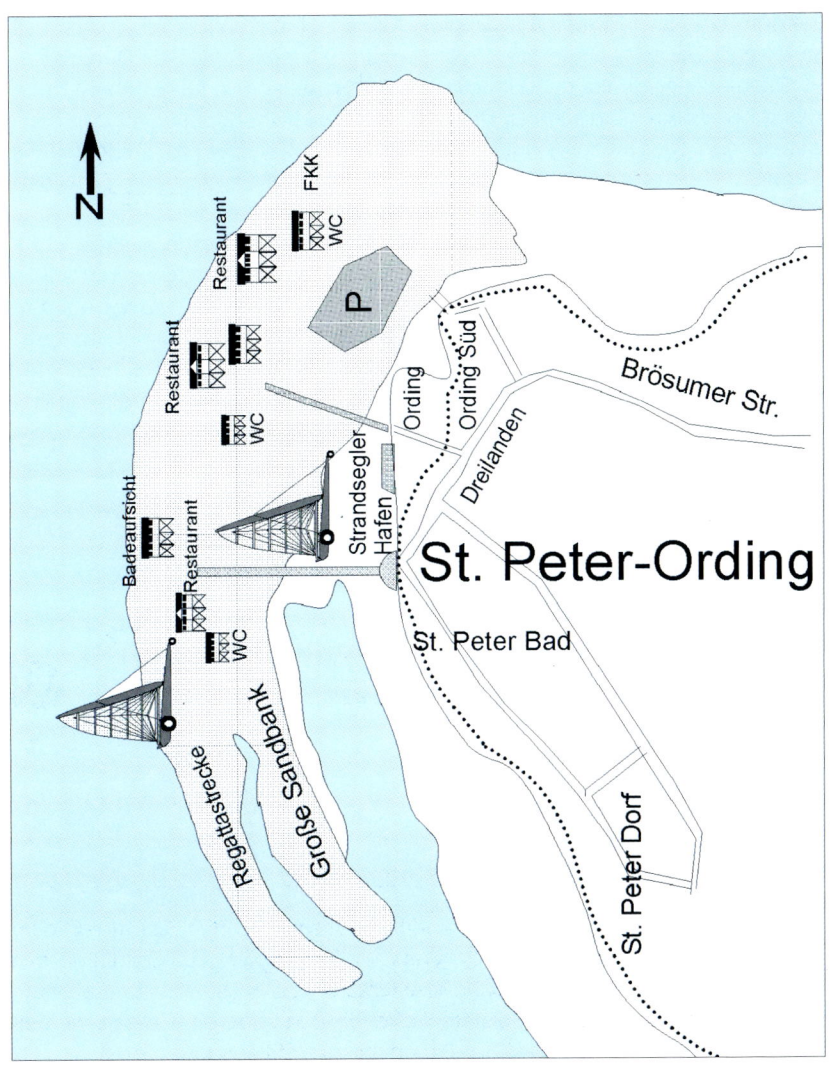

Die dänische Insel Rømø ist auch ohne Fähre zu erreichen. Auf Rømø ist das ganze Jahr über das Strandsegeln erlaubt, natürlich ebenfalls mit Gebietseinschränkungen. Nur das Landende ist für das Strandsegeln freigegeben. Unter idealen Wetterverhältnissen ist dieser 2 km² große Strandabschnitt durchaus ausreichend. Dies ist bei Winden aus östlicher Richtung der Fall. Leider gibt es vermehrt in den letzten Jahren Wetterlagen mit starken West- bis Südwest-Winden, die eine Überflutung des Landendes, also des gesamten für das Strandsegeln freigegebenen Gebietes zur Folge haben. Nach einer solchen Wetterlage dauert es üblicherweise eine Woche bis das Wasser wieder abgelaufen ist. Durch einen tiefen Priel in der Mitte der der Insel vorgelagerten Sandbank läuft bei Nord- bis Nordwest-Winden nicht nur bei Flut, sondern auch bei höherem Wasserstand in einem breiten Streifen Wasser über das Landende. Die Strandsegelmöglichkeiten sind daher auch bei dieser Wetterlage stark eingeschränkt. Viele geplante Wettfahrten mussten deswegen aus-

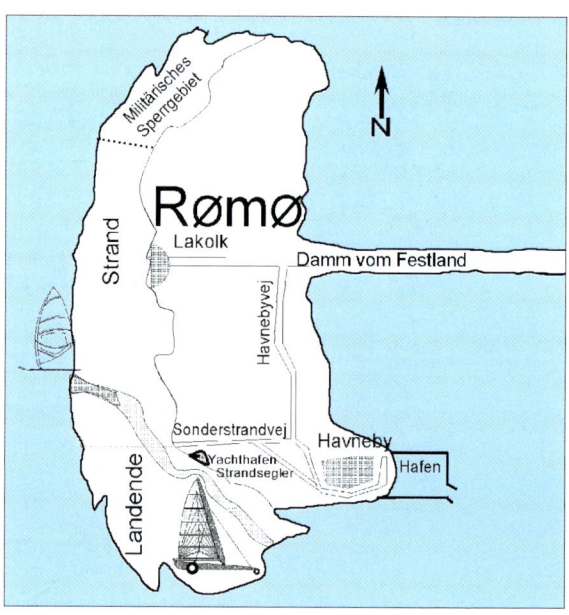

fallen oder mit Sondergenehmigung an einen anderen Strandabschnitt verlegt werden. Wenn man also einen Strandsegelurlaub auf Rømø plant, muss man sich darauf einstellen, dass das Segeln nicht immer möglich ist.

Es ist auch möglich in den dänischen Strandsegelclub einzutreten. Er bietet, neben dem Erlernen und der Prüfung für den dänischen Strandsegelschein, auch eine Haftpflichtversicherung an, die auf jeden Fall zu empfehlen ist.

Der Strandsegelclub Rømø veranstaltet im Sommerhalbjahr eine ganze Anzahl von Wettfahrten. An diesen Regatten kann jeder teilnehmen, der einen Strandsegelschein und eine Haftpflichtversicherung hat.

Auf der Insel Fanø, nur mit der Fähre zu erreichen, finden nur hin und wieder Wettfahrten statt, denn in der Hauptsaison ist das Strandsegeln untersagt. Außerhalb der Saison ist der gesamte Weststrand frei.

Nun zu den drei Ostfriesischen Inseln, die Austragungsorte von Meisterschaftsläufen sind. Die Insel Borkum als westlichste Insel hat ein genau bezeichnetes Gebiet, auf dem das Strandsegeln erlaubt ist.

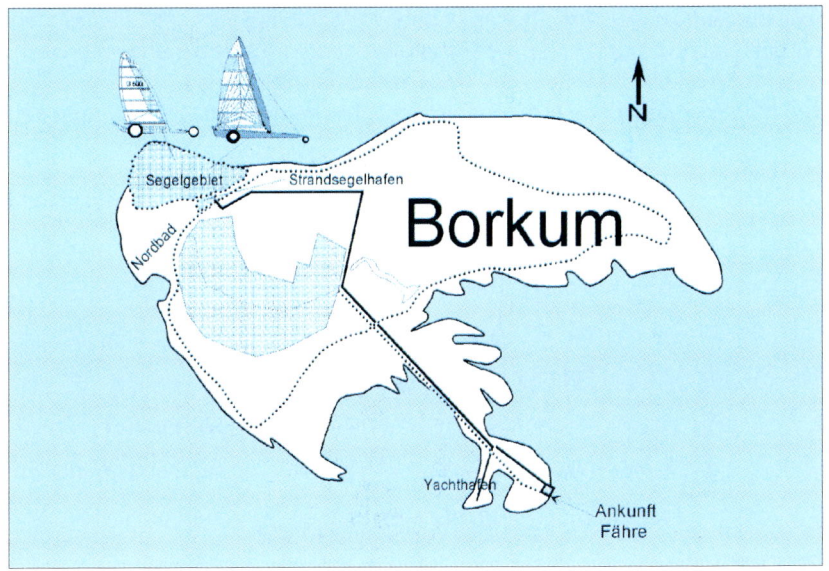

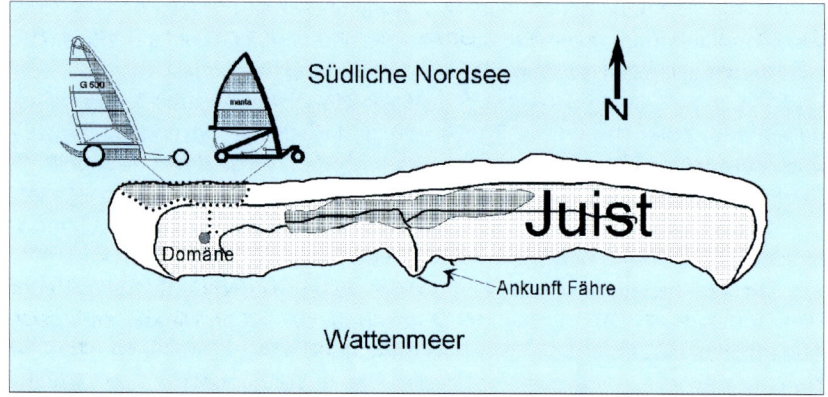

Die Nachbarinsel Juist hat gegenüber Borkum und Norderney eine Besonder-
heit. Das Auto darf nicht mitgenommen werden, denn die Insel ist für den Kraft-
fahrzeugverkehr gesperrt. Der Transport des Strandseglers wird dadurch erheblich erschwert und muss gut vorbereitet werden. Es ist daher verständlich,
dass auf Juist nur die Manta und die Klasse 5 vertreten sind.
Will man also im Urlaub auf Juist strandsegeln, muss man auf der Fähre den

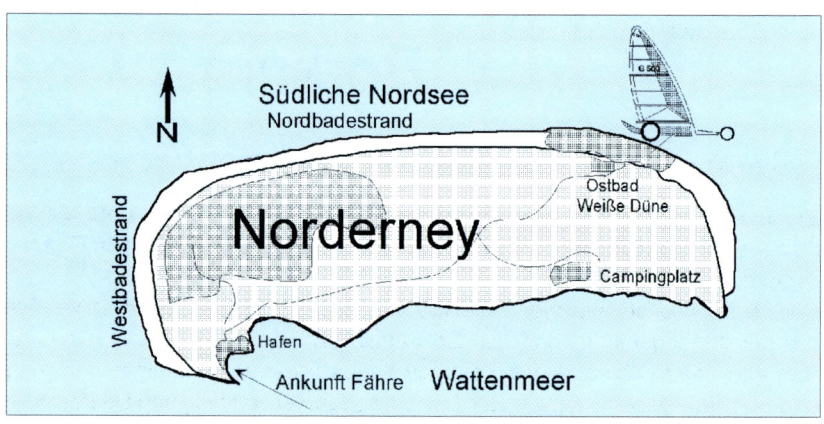

Strandsegler anmelden und ihn bis zum westlichen Teil der Insel befördern. Bei der Domäne, ein Bauernhof mit Gaststätte und Treffpunkt der Strandsegler, befindet sich ein Übergang durch die Düne zum Strand.

Östlich von Juist liegt Norderney. Auf Norderney ist das Autofahren außerhalb der Ortschaft erlaubt, der Transport des Strandseglers ist dadurch einfach. Das Strandsegeln ist auf ein Gebiet an der Weißen Düne beschränkt und im Sommer nur nach 17.00 Uhr erlaubt. In den anderen Jahreszeiten von Sonnenaufgang bis Sonnenuntergang.

Die übrigen Ostfriesischen Inseln sind hinsichtlich Strandsegelregatten nicht aktiv, es ist aber auch auf den Inseln Langeoog und Wangerooge möglich. Für alle Ostfriesischen Inseln ist jedoch anzuraten, sich vorher bei den jeweiligen Kurverwaltungen zu erkundigen, da von Jahr zu Jahr Änderungen eintreten können.

Nun kommen die meisten Strandsegler der Klasse 5 nicht, wie man annehmen sollte, von den Inseln oder von der Küste, sondern aus dem Binnenland. Der Grund dafür mag sein, dass einige der Strandsegler früher das Eissegeln betrieben haben und diese Sportart wird nun einmal auf den Binnenseen ausgeübt.

In Wuppertal beispielsweise ist eine Hochburg der Klasse-5-Strandsegler. Es wurde sogar ein eigener Strandsegelclub gegründet. Dort ist sicherlich die Nähe von Belgien und den Niederlanden von Bedeutung, denn dort darf man das ganze Jahr Strandsegeln.

Belgien

Belgien ist ein Land mit einer sehr kurzen Küstenlinie, jedoch einer langen Strandsegeltradition. Hier begann man um 1900 mit selbstgebauten Strandseglern die Küste zu erkunden.

Der Küstenstreifen zwischen Nieuwpoort und Dunkerque ist auch heute eine der meistbesegelten Strände. In De Panne gibt es eine Strandsegelschule. Hier kann man während des Sommerurlaubs unter sachkundiger Anleitung den Strandsegelschein erwerben. Das Strandgebiet westlich von De Panne in

Richtung zur französischen Grenze ist auch im Sommer für Strandsegler frei. Hier findet regelmäßig im Frühjahr eine Langstreckenregatta statt. Diese führt von De Panne nach Dunkerque und zurück. Dies ist auch das Gebiet, auf dem fast jedes Wochenende nationale und internationale Wettfahrten stattfinden. Wenn man also einmal als interessierter Zuschauer Strandsegeln beobachten will, ist De Panne der geeignete Ort, denn hier hat man von den vielen Strand-cafés aus einen wunderbaren Blick auf Meer und Strand. In der Hochsaison herrscht natürlich sehr viel Trubel.

In Belgien werden auch die zur Zeit schnellsten Segelwagen der Klassen 2 und 3 gebaut.

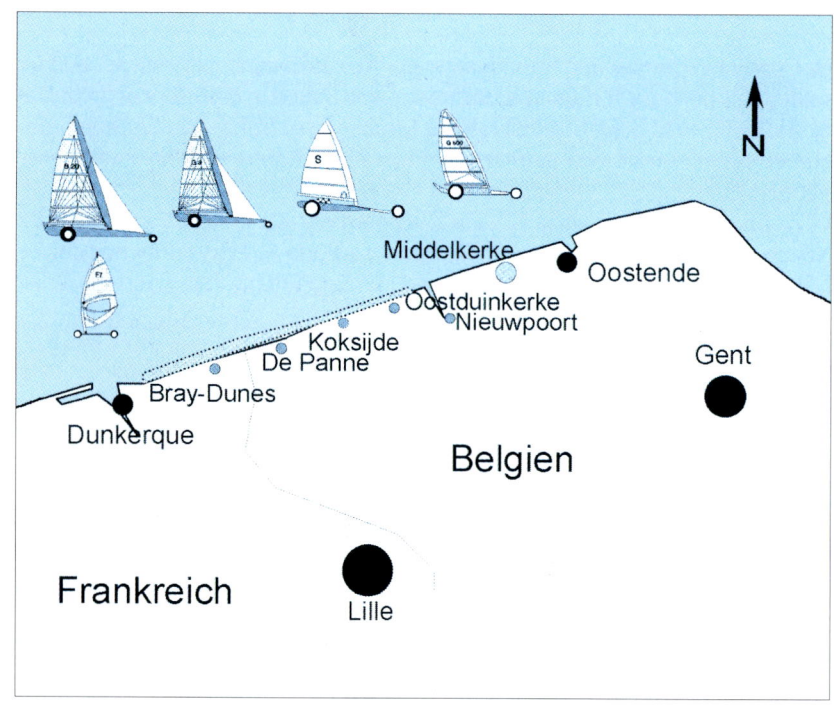

Frankreich

Da wir nun schon an der französischen Grenze sind, gehen wir gleich zur
Strandsegelnation Nummer 1, den Franzosen, über.
Hier eine Übersichtskarte des Clubs de Char a Voile von der französischen
Strandsegelvereinigung, die ihren Sitz in Berck hat.

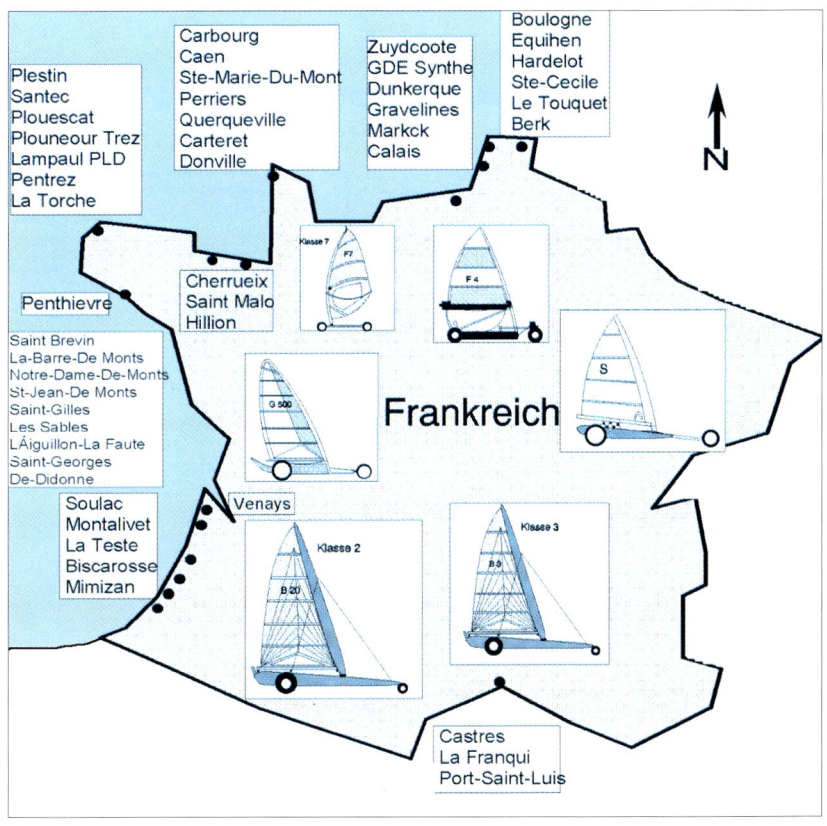

Es gibt eine große Anzahl von Strandseglern und es gibt kein anderes Land mit so vielen Clubs und Strandsegelgebieten. Die für das Strandsegeln geeignete Küste ist sehr lang, da sowohl die Kanalküste als auch die Atlantikküste einen erheblichen Tidehub hat. In der Bretagne sind es bis zu 15 m, und es läßt sich vorstellen, welche Strandflächen hier trockenfallen, auf denen dann das Strandsegeln möglich ist. Will man im Urlaub auf einem fremden Küstenstreifen segeln, ist es in jedem Fall empfehlenswert, sich bei einem der ansässigen Clubs bezüglich der örtlichen Gegebenheiten zu erkundigen. Dies ist in Frankreich besonders zu empfehlen, da hier von Ort zu Ort in der Urlaubszeit andere Regeln gelten. Da Frankreich die meisten aktiven Strandsegler besitzt, sind in Frankreich auch sehr viele Segelyachthersteller beheimatet.

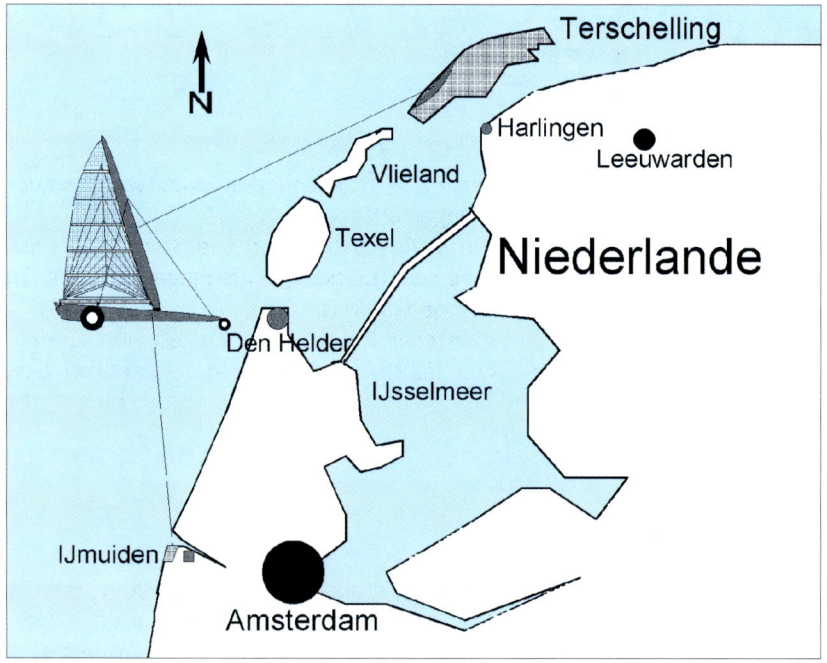

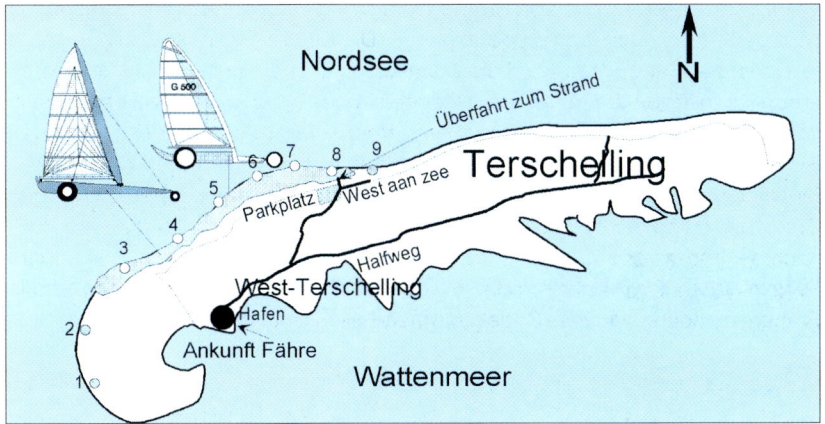

Niederlande

Die Niederländer verfügen zwar über viel Küste, aber das Strandsegeln ist nur auf zwei Gebieten mit Einschränkungen erlaubt.

Es handelt sich hierbei um die Insel Terschelling und das Strandgebiet vor IJmuiden. Ob IJmuiden noch lange zum Strandsegeln freigegeben bleibt, ist nicht sicher, da dort ein Yachthafen gebaut wird.

Die Insel Terschelling ist in den Niederlanden das Strandsegelrevier, auf dem Europameisterschaften und die Wettfahrten zur Ermittlung der Landesbesten ausgetragen werden.

Großbritannien

England ist als zweitstärkste Nation bei Europameisterschaften vertreten. Die Engländer sind, ähnlich wie die Franzosen, sehr an allen Rennsportarten interessiert. Es ist daher nicht verwunderlich, hier viele Strandsegler anzutreffen.

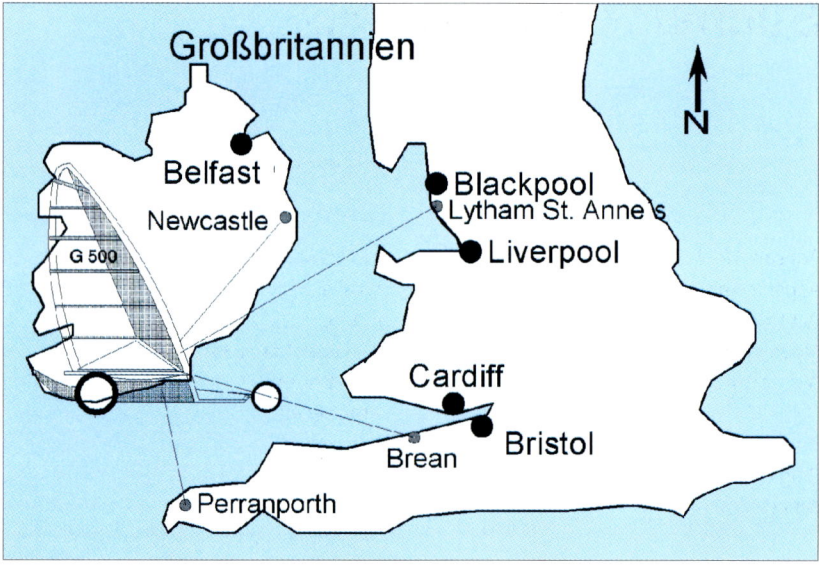

Gesegelt werden in England alle Klassen, jedoch sind die französiche Einheitsklasse Standart und die Klasse 7, Stehsegler, noch nicht verbreitet. Auch die Manta haben in Großbritannien noch nicht Fuß fassen können.

Es gibt in England auch eine große Anzahl von Strandsegelwagenhersteller.

Stichwortverzeichnis

Die **YACHT-BÜCHEREI** ist die preiswerte Bibliothek für eingehendes Fachwissen auf vielerlei Spezialgebieten. Diese Bände sind lieferbar:

DELIUS KLASING